KB169914

"하지만 그 친구들이 경제 법칙에 대해 떠들어대는 동안에도
사람들은 기아에 허덕이고 있다.
우리는 경제 법칙이 자연적인 게 아니라
인간이 만들었다는 사실을 명심해야 한다."

프랭클린 D. 루스벨트

경제학은 어떻게
내 삶을 움직이는가

Economics for the Rest of Us : Debunking the Science That Makes Life Dismal
copyright © 2010, by Moshe Adler
All rights reserved.
First edition published by The New Press, Inc., USA
Korean translation rights arranged with The New Press, Inc., USA
through PLS Agency, Korea.
Korean edition published in 2015 by Cassiopeia, Korea

이 책의 한국어판 저작권은 PLS Agency를 통해 독점 계약한 카시오페아 출판사에 있습니다 .
저작권법에 의하여 한국 내에서 보호를 받는 저작물이므로 무단전재와 복제를 금합니다.

세상의 이면을 파헤치는 실전경제학 입문서

경제학은 어떻게
내 삶을 움직이는가

ECONOMICS FOR THE REST OF US

모셰 애들러 지음 | 이주만 옮김

카시오페아
Cassiopeia

이 책에 쏟아진 찬사들

우리가 몰랐던 사실을 일깨우는 이 책에서 저자는 100년 전으로 거슬러 올라가 인간이 창조한 경제 개념들이 모든 사람의 복지를 염려하던 평등주의적 관점을 벗어나 부자의 이익을 도모하는 편향된 분석 도구로 전락하는 과정을 보여준다. 주류 경제학이 어느 한쪽으로 치우치는 소득 분배와 소득 평등 이론을 지지하면서 어떻게 경제 효율성 개념을 왜곡하고 부와 소득의 집중 현상을 초래했는지 보통의 교육을 받은 이라면 누구나 이해할 수 있는 언어로 명쾌하게 설명한다.

―데이비드 케이 존스턴(David Cay Johnston), 퓰리처상을 받은 〈뉴욕타임스〉 기자 · 《프리런치(Free Lunch)》, 《퍼펙틀리 리걸(Perfectly Legal)》 저자

유쾌하고도 흥미로운 걸작이다. 이 책에서 저자는 경제학이라는 학문이 어쩌다 현실과 동떨어진 이론놀음이 됐는지 한 번쯤 의문을 품어본 사람에게 그 답을 제공한다. 이 책은 노동조합원이거나 경제학도라면 반드시 읽어야 할 책이다.

―엘라인 버나드(Elaine Bernard), 하버드 로스쿨 산하 노동과 근로 생활 프로그램(Labor & Worklife Program) 사무총장

오늘날 부자들이 역사상 전례가 없는 엄청난 부를 축적하고 있음은 주지의 사실이다. 그러면 이 같은 부자들이 우리 경제에 '필요'한가? 잘 모르겠다고? 그렇다면 술술 읽

힐 뿐 아니라 시종일관 뛰어난 통찰력을 보여주는 이 책을 일독하기 바란다. 현재 우리 사회도 그렇지만, 불평등이 심한 사회는 정상적으로 기능하지 못한다. 그 이유를 모셰 애들러는 우리에게 분명하게 설명한다.

-샘 피지개티(Sam Pizzigati), 워싱턴 DC 정책연구소 특별위원

존 케네스 갤브레이스가 그랬듯이 모셰 애들러는 우리 시대의 경제 문제를 명민하게 꿰뚫어본 관찰자다. 그에게는 우리 사회를 진단하는 예리한 눈이 있으며, 특히 주류 경제학자들이 19세기 현실에서 탄생한 경제이론에 따라 21세기의 사회 현실과는 괴리된 경제 정책을 처방함으로써 우리 사회가 고통스럽게 치러야 하는 온갖 사회적 비용이 무엇인지 여실히 보여준다.

-엘리엇 스클레어(Elliott Sclar), 컬럼비아대 지구연구소의 지속 가능한 도시개발센터 소장

권력자는 부자에게 이로운 정책을 펴면 경제에도 이롭고 사회에도 이롭다는 사상을 믿고 따른다. 하지만 모셰 애들러는 이 전제를 뒤집어 그들이 틀렸음을 설득력 있게 보여준다. 중요한 경제사와 경제이론을 짚어가며 명쾌하게 설명하는 이 책에서 저자는 정치 현장은 물론, 삶의 현장에서 지당한 진리로 받들고 있는 경제 개념의 실체를 모두 까발린다.

-척 콜린스(Chuck Collins), 정책연구소 연구원 · 《경제의 도덕적 척도(The Moral Measure of the Economy)》저자

몇 년 전에 《괴짜 경제학》은 큰 인기를 끌었다. 흥미로운 예시를 들어 보통 사람들이 보통 '경제학적'으로 생각하지 않는 삶의 거의 모든 측면에 대해 경제학자의 사고방식을 평이하게 풀어냈기 때문이다. 모셰 애들러는 이 책을 들고 와《괴짜 경제학》에 나온 것보다 훨씬 흥미로운 질문을 하고 대답한다. 독점은 좋은가 나쁜가? 예를 들어 공

교육은 돈을 퍼주면 개선될 수 있는가? 임대료 규제는 어떤 영향을 끼치는가? 최저임금은 고용에 어떤 영향을 끼치는가? 불황기에 임금 삭감은 실업률을 낮출 수 있는가? CEO들은 왜 그렇게 인수합병에 열을 올리는가? 이와 같은 질문과 대답들 말이다.

– 아마존 독자서평 Eric Laursen

경제학자가 아닌 독자는 파레토 효율과 임금이론을 통해 어떻게 경제학의 원칙을 지배하게 되었는지 알게 될 것이다. 경제학자인 독자라면 이 두 가지 개념을 예전과는 완전히 다르게 보게 될 것이다. 많은 언론이나 학교에서 가르치듯이 '부자에게 좋은 것이 모두를 위해 좋은 것'이라는 생각을 떠나, 학생들이 스스로 생각하길 원하는 사람이라면 이 책을 길잡이로 써야 한다.

– 아마존 독자서평 Tomrus

이 책은 일상에 영향을 주는 경제학 원칙에 대한 완벽한 개론서다. 경제학에 더 지식을 쌓고 싶은 사람, 정부의 경제적 의사결정을 냉철하게 평가하고 싶은 사람 혹은 사람들이 정책을 평가하는 방식을 이해하고 싶은 사람 모두에게 이상적인 책이다. 나는 기초 경제학 강의를 할 때 이 책을 쓰는데, 사람들이 관계되는 모든 개념에 대하여 실생활의 예시를 들어주고 있어 가치가 무궁무진하다. 정책이 일상에 어떻게 영향을 끼치는지 알고 싶은 모든 사람에게 이 책은 필독서다.

– 아마존 독자서평 CrunchyCookie

컬럼비아대 경제학 교수인 모셰 애들러는 생생한 사례와 대중주의의 도끼를 들고 경제적 효율과 임금 결정구조를 논하면서, 부자와 권력자에게 좋은 것이 경제에도 좋은 것이라는 전통적인 경제학 지식의 가면을 벗긴다. 현대 경제학의 중요한 기초인 파레토 효율, 이 모형을 극단적으로 발전시키면 빈자는 깨끗한 공기를 마실 자격이 없으며 부자는 지나치게 세금을 많이 내고 있다고 할 수 있음을 아들러는 보여주며, 임금 불균형에 대한 멋진 논쟁까지 이를 몰고 간다. 잘못된 경제적 사고방식에 대한 아들러의 불만은 도발적이면서도 흥미롭다.

-Publishers Weekly

모셰 애들러는 주류 경제학과 비주류 대안의 주요 개념과 이론을 설명한다. 이 책은 경제학의 두 가지 토대를 살펴본다. 하나는 경제적 효율과 그 정의다. 두 번째 토대는 노동자의 임금이다. 노동자의 임금이 생산에 대한 개인의 기여도와 같다는 개념에 대하여 저자는 잘못된 것이라고 지적한다. 모든 사람의 동의를 받을 수는 없겠지만 저자는 경제학을 배우지 않은 교양 있는 독자를 대상으로 사려 깊은 논쟁을 펼친다.

-Booklist

경제학은 당신도 모르는 사이에
당신의 삶을 움직인다

한국전쟁 직후 세계에서 가장 못 사는 나라 가운데 하나였던 한국이 한강의 기적을 통해 오늘날 가장 부강한 나라 중 하나로 변모했다는 사실은 한국의 젊은 독자들도 잘 알고 있을 것이다. 세계 여러 빈곤 국가가 한국 경제의 성공을 칭송하며 모방하고 있지만, 독자 여러분이 알아야 할 또 다른 사실은 국가의 부가 노동자의 후생을 보장하지 않는다는 점이다.

놀랍게도 이 사실을 가장 잘 보여주는 사례는 21세기가 시작하고 현재까지 미국 노동자의 생활 수준에 나타난 변화가 아닌가 한다. 1999년까지 미국의 국내총생산(GDP)과 가계 소득은 함께 증가했다. 그 뒤로도 국내총생산은 꾸준히 증가했으나 노동자 소득은 크게 감소했다. 자료를 확인해보면 알겠지만 2013년만 해도 미국 가구의 20%는 최소한 차례 이상 식료품을 구매할 돈이 없어 일정 기간 굶주림을 겪는 것으로 나타났다.

그렇다면 미국이라는 국가가 거둔 부와 그 국민이 누리는 복지 수준 간의 불일치는 어떻게 발생했는가? 가장 먼저 떠오르는 이유는 임금 분배에 있어 노동자의 실질 임금은 지속해서 감소했지만, 은행가들과 최고경영자가 받는 '보수'는 하늘 높은 줄 모르고 치솟았다는 점이다. 그러면 다시 이런 질문이 떠오른다. 어째서 미국 노동자는 지금과 같은 수준의 임금 분배를 용납하는가? 미국 노동자가 유순하게 반응하는 데는 경제학이 끼친 영향이 크다.

"이미 받은 몫 이상으로 더 받고자 해서는 안 된다. 자유시장 경제에서는 노동자건 은행가건 최고경영자건 각 개인은 그들이 일한 가치만큼 받는다. 시장경제 체제는 '효율적'이므로 정부가 시장에 개입해 어떤 정책을 펼치거나 법안을 마련해 부의 분배를 바꾸려고 시도해서는 안 된다. 정부가 개입하면 상황만 더 악화될 뿐"이라고 경제학은 노동자에게 가르친다.

한국의 나이 든 노동자라면 한강의 기적을 이룬 주역은 자유시장 경제가 아니라 한국 정부였고, 한국 정부가 토지 개혁, 주요 산업의 국영화, 민간 산업에 대한 국가 지원이라는 세 가지 정책을 펼친 것이 주효했음을 기억할 것이다. 하지만 이 같은 기억이 젊은 세대에 전달되지 않으면 기억은 희미해질 테고 교훈은 망각 속에 사라질 것이다. 대공황을 겪고 이를 극복한 기억이 미국에서 잊힌 것처럼 말이다.

과거 미국 노동자는 대공황이 발생한 원인은 자유시장 체제 때문이고, 이후 미국이 번영하게 된 이유는 2차 세계대전 기간과 1950년대에 미국 정부가 개입해 지출을 늘리며 경기부양책을 쓴 덕분이라는 사실을 잘 알았다. 2007년 서브프라임 금융위기는 시장경제의 미덕을 찬양하며 탈규제를 외친 경제학자들이 그저 이론가에 지나지 않았음을 입증하는 증거였다.

하지만 이때 사람들은 경제학자에게 그 원인을 돌리지 않았고, 경제 주체 간의 힘의 균형과 임금 체계를 재조정할 기회로 삼지도 못했다. 오히려 경제위기를 일으키는 데 기여한 경제학자들을 불러다 향후 경제를 회복시킬 중임을 맡겼고, 그 경제학자들의 주도하에 정부는 은행가에게 1조 달러 규모의 공적자금을 지원했다.

오늘날 은행가는 그 어느 때보다 잘살고 있고, 주가는 상상할 수 없을 정도로 높이 치솟고 있으며, 경제학자들은 여전히 자유시장 체제가 효율적이고 노동자가 정당한 몫을 받고 있다고 가르친다. 하지만 노동자는 최소한의 방어막마저 무너진 세상에서 칼바람을 맞고 있다. 인간다운 생활을 누리기 위해 부단히 싸우고 있는 한국 노동자라면, 자유시장 경제에서 임금이 어떻게 책정되는지 또 각 개인이 합당한 수준의 보수를 받고 있다는 주장이 과연 사실인지 알아야 한다.

경제가 효율적이라는 말이 무엇을 뜻하는지, 규제가 풀린 자유시장 체제가 정말로 효율적인지 알아야 한다. 정부가 어떤 역할을 해야 하는지도 알아야 한다. 다시 말해, 노동자는 자신을 어떻게 방어해야 하는지 알아야 하고 이 책의 목적은 그러한 일을 돕는 데 있다.

2015년 2월

모셰 애들러

세상을 움직이는 경제학의 두 가지 축,
'경제 효율성'과 '임금이론'

대학교수들은 경제학 입문 과정에서 '다른 한편'의 주장은 고려하지 않는 주류 경제학자가 강조하는 이론을 주로 가르친다.

"경기가 곧 회복되겠습니까?"

경제학자는 이런 질문을 받으면 모호하게 대답하면서 빠져나가기 일쑤다. 이런 문제야 함부로 전망했다가는 곤란해질 수 있으니 그렇다 치자. 하지만 부자와 빈민, 강자와 약자, 노동자와 기업 사이에서 한쪽을 선택해야 하는 경우에도 이들은 한쪽 편을 든다. 이들이 신봉하는 전통적 경제이론에 의하면, 부자와 강자에게 이로운 것이 경제에도 이롭다.

어찌하여 경제이론이 이렇게 한쪽 편만 지지하게 되었을까? 평생에 걸쳐 경제가 어떻게 작동하는지 연구한 어느 경제학자가 실증 자료를 바탕으로 고용주에게 이로운 것이 모두에게 이롭다고 결론 내렸기 때문인가? 전혀 그렇지 않다. 중대한 경제적 사안에는 늘 대립하는 개념과 이론이 존재하며 이 둘은 전혀 다른 결론을 도출한다. 문제는 주류 경제학에 대립하는 개념과 이론을 경제 교과서에서 다루기는 하지만 간단히 소개하는 수준에 그친다는 것이다.

결과적으로 피해를 보는 대상이 경제학도뿐이라면 별문제가 아닐 수도 있다. 하지만 불행히도 대다수 국민이 교과서에서 중요하게 다루는 경제 개념에만 익숙하고, 정부 정책에 영향력을 행사하는 대다수 경제학자도 경제 교과서를 신봉한다(노벨 경제학상을 받은 조지프 스티글리츠는 예외지만, 그가 세계은행 수석 경제학자 겸 부총재로 재임한 기간은 1997년부터 2000년까지 3년밖에 되지 않는다).

이 책에서는 경제학을 구성하는 두 가지 기초를 검토한다. 1부에서는 경제 효율성 개념을, 2부에서는 임금이 결정되는 방식을 다룬다. 먼저 경제학자가 애용하는 경제 효율성 개념부터 살펴보자. 모든 경제학 이론이 이 개념을 중심으로 논의된다. 소득 분배의 결과가 한쪽으로 심하게 치우쳐 있고 이 때문에 수많은 사람이 고통을 당해도, 경제학자는 바로 이 효율성을 근거로 "자유시장이 효율적"이라고 강조하면서 불평등을 해소하고 고통을 줄이기 위한 정부의 개입 정책에 반대한다.

만일 이들이 규정하는 경제 효율성이 유일하게 타당한 관점이라면, 이를 토대로 한 주장도 정당하다 할 것이다. 하지만 경제학자에게는 다른 선택지도 있다. 경제 효율성 개념은 초기에 소득 분배를 중요하게 여겼고, 효율성을 높이기 위해 정부가 나서 부자에게서 빈민에게로 자원을 재분배해야 한다고 제안했다. 그런데 시간이 흐르면서 주류 경제학자들은 초기의 경제 효율성 개념을 의심하고 무시하면서 새로운 정의를 개발하기 시작했다. 앞으로 살펴보겠지만, 재분배를 중시하는 초기의 효율성 개념은 그렇게 간단히 무시하고 넘어가도 좋을 만큼 근거 없는 이론이 아니다.

주류 경제학자들은 소득 재분배가 정당하지 않다고 확신하기에 이르렀다. 하지만 다른 한편에는 그렇게 생각하지 않는 사람들이 있다. 실제로 각국 정부는 부자에게 더 높은 세금을 내도록 하고 있고, 가난한 사람들은 특히 교육에 관한 한 부자가 받는 서비스와 같은 품질의 서비스를 정부에서 제공해주기를 강력하게 요구한다. 이 같은 요구는 경제학자 사이에서 일종의 정책 논쟁을 부추겼다.

1부에서 다루겠지만 근로 의욕을 떨어뜨릴 정도로 부자의 세율이 높아 비효율적이라고 주장하는 경제학자가 있는가 하면, 실제로 그 상관성을 조사해 그런 영향을 끼치지 않는다고 증명한 경제학자도 있다. 또 가난한 학교를 위해 기금을 늘려봤자 정부로서는 그 돈을 낭비하는 셈이고 아무런 변화도 이끌어내지 못한다고 주장하는 경제학자가 있는가 하면, 사실은 그렇지 않다는 것을 보여주는 경제학자도 있다.

세금이나 교육 같은 사안에서 경제학자들은 서로 의견이 나뉘었지만, 높은 한계세율이 비효율적이라는 생각은 지난 30년간 미국 조세 정책의

경제학은 어떻게 내 삶을 움직이는가

기조를 이루었다. 한계세율에 관한 이 미심쩍은 주장이 그럴듯하게 들리는 이유는, 경제학자가 노동시장을 분석할 때 도구로 사용하는 기본 모형 때문이다.

이 모형에서는 노동자가 노동 시간을 선택하는 데 자유롭고, 임금을 적게 받으면 일을 적게 하고, 기본적으로 일을 즐거워하지 않고, 게으름을 피우기 좋아한다고 전제한다. 또한 노동자를 단절된 개인으로 보므로, 함께 생산 활동에 참여한 다른 노동자나 자본재와 분리해 생산성을 측정할 수 있으며 시장에 대해 비합리적으로 판단할 수 있다고 전제한다. 이 모형에 의하면, 개인이 창출한 어떤 성과도 측정할 수 있고 측정된 각각의 생산성은 타당하고 공평하다.

소득 분배는 재화의 생산과 판매 이후의 단계로 흔히들 생각하지만, 정작 무엇을 얼마나 많이 생산할지 결정짓는 요소야말로 소득 분배다. 소득 분배가 불평등하게 이루어지면 파이의 크기 자체가 줄어들 때가 많다. 에이즈 치료제의 생산과 보급이 한 가지 사례. 개발도상국에 사는 가난한 사람들은 이 치료제를 살 여력이 안 된다. 그들이 가난하기 때문이 아니라 선진국 국민보다 더 가난하기 때문이다. 치료제를 생산하는 기업은 전 세계적으로 저렴한 가격에 치료제를 공급하는 것보다 제1세계 국민들만 살 수 있도록 비싼 값에 판매하는 것이 더 이득이므로, 제3세계 국민은 엄두도 못 낼 만큼 높은 가격을 책정한다.

불평등에 의한 피해는 제3세계 빈곤층만이 아니라 제1세계 중산층에게도 미친다. 효율성 개념에 의하면, 대다수 국민의 소득이 감소하는 데도 역설적으로 그 국가의 경제는 성장하고 있다고 결론 내릴 수 있다.

2부에서는 임금이론과 최고경영자의 연봉 문제를 다루면서 애초에 불평등이 어떻게 만들어졌는지를 살펴볼 것이다. 왜 어떤 이가 한 달, 혹은 꼬박 일 년을 일해야 버는 돈을 누군가는 고작 한 시간 만에 벌 수 있단 말인가.

이에 대해 주류 경제학자들이 채택한 '신고전파 이론'에서 제시하는 답은 무척 간단하다. 노동자는 고용주에게 기여한 가치만큼 임금을 받는다. 만약 그가 현재 미국의 시간당 최저임금 수준인 7달러 25센트를 번다면, 고용주에게 기여하는 가치는 시간당 7달러 25센트인 것이다. 만약 그가 시간당 수천 달러를 받는다면, 고용주에게 기여하는 가치도 그만큼 크다는 것이다.

또 다른 임금이론이 있다. 신고전파 이론은 본래 고전파 임금이론을 대체하려 한 이론이다. 고전파 임금이론에서는 임금을 결정하는 요인이 생산에 기여한 정도(앞으로 살펴보겠지만 이는 무의미한 개념이다)가 아니라 당사자 간의 상대적인 협상력이라고 주장한다. 실증적 자료에 부합하는 이론은 신고전파 이론이 아니라 고전파 이론이다.

만약 임금이 협상력에 따라 결정된다면, 협상력을 결정하는 요소는 무엇인가? 노동자가 협상력을 강화하는 데는 정부의 정책과 법이 중요한 역할을 한다. 노동조합권, 최저임금법, 실업보험, 사회보장제도, 복지제도, 이주민의 권리를 강화하는 정책 등이 어우러져 노동자가 저임금에 저항할 수 있는 여건을 조성한다. 미국은 레이건 대통령이 집권한 1980년대 이후로 이 모든 여건이 열악해졌다. 열악해진 노동 환경이 노동자 복지에 어떤 영향을 미쳤는지 2부에서 다룰 것이다.

경영진은 노동자와 달리 고용주와 협상할 때 유리한 위치에 선다. 그 이유에 대해 경제학자들은 비교적 단순하면서도 훌륭한 설명을 제시한다. 경영진을 고용하는 사람은 기업의 주주이고, 이렇게 다수의 개인이 기업을 소유하는 구조에서는 기업을 책임지는 사람이 없기 때문이다. 이는 협상력에 따라 임금이 결정된다고 설명하는 고전파 임금이론을 적용한 이론이다.

이 책은 특별한 경제학 지식을 요구하지 않는다. 복잡한 수식을 이용하지 않기 때문에 기본적인 셈만 할 수 있으면 된다. 주류 경제학 이론과 핵심 개념뿐 아니라, 부자와 강자의 편익을 도모하는 주류 이론에 대한 대안으로서 실증적인 근거로 경제 현상을 분석하는 비주류 이론을 자세히 소개할 것이다. 각 이론이 태어난 역사적 맥락과 전개 과정도 함께 살펴볼 것이다.

차례

한국어판 서문 **경제학은 당신도 모르는 사이에 당신의 삶을 움직인다** •8
들어가며 **세상을 움직이는 경제학의 두 가지 축, '경제 효율성'과 '임금이론'** •12

1부 | '경제 효율성'은 어떻게 내 삶을 움직이는가

1장 —— '경제 효율성'이란 무엇인가? •23

2장 —— 집이 여섯 채밖에 없는 곳에 일곱 가구가 살려 한다면? •33

3장 —— 굶주리고 아픈 사람에게 최소한의 보조금만 주는 까닭은? •61

4장 —— 부자가 더 부자가 되면, 우리 모두 더 부자가 될까? •76

5장 —— 경영자가 일반 노동자보다 임금을 431배 더 받는 이유는? •89

6장 —— 220인승 비행기를 48인승으로 개조한 까닭은? •102

7장 —— '무상교육'은 돈을 낭비하는 일일까? •128

2부 | '임금이론'은 어떻게 내 삶을 움직이는가

8장 —— 임금은 어떤 기준으로 주는 돈인가? •155

9장 —— 우리의 노동은 측정 가능한가? •176

10장 —— 우리는 성과에 따라 보상받고 있는가? •188

11장 —— 최저임금을 강요하면 일자리가 줄어들까? •199

12장 —— 임금이 떨어지면 고용이 확대될까? •206

13장 —— 눈이 높은 노동자가 스스로 실업을 선택한다? •221

14장 —— 게으르고 태만한 노동자에게 일자리가 없는 것은 당연하다? •231

15장 —— 경영자의 고액 연봉은 당연한 보상일까? •241

마치며 **부자의 거짓말, 경제학의 거짓말** •252
감사의 글 •256
본문주석 •258

ECONOMICS
FOR THE REST OF US

1부

'경제 효율성'은 어떻게
내 삶을 움직이는가

경제학자는 경제 규모를 파이 크기에 비유하기를 좋아한다. 파이 크기는 한 경제가 산출하는 복지(초기 사회학자들의 표현을 빌리면 행복)를 설명할 때 유용한 비유다. 행복이라는 파이의 크기는 사회의 자원을 평등하게 분배할 때 가장 크다는 것이 드러났다. 불평등할 때는 파이가 작아진다.

1장

'경제 효율성'이란
무엇인가?

경제 효율성을 탐구하기 시작한 것은 민주 국가의 탄생과 시기를 같이한다. 민주주의 체제가 등장하면서 역사상 처음으로 정부의 역할이 무엇인지 묻기 시작한 것이다. 이전까지는 이런 질문으로 골머리를 썩인 적이 없었다. 프랑스 국왕 루이 14세는 일찍이 18세기 초에 "짐이 곧 국가"라고 선언한 바 있다. 가난한 국민과 부유한 국민이 함께 살아간다고 할 때, "국민의, 국민을 위한" 정부는 누구를 섬겨야 하는가?

프랑스 '민중'은 1793년에 루이 14세를 처형하고, 국민투표를 거쳐 공공 구제와 공교육의 형태로 소득 재분배를 보장하는 헌법을 제정했다 (여기서 '민중'을 강조한 까닭은 프랑스 국민이 모두 국왕의 처형을 바라거나 1793년 헌법에 찬성한 것은 아니었기 때문이다).

그런데 과연 얼마나 재분배해야 하는 걸까? 1793년에 제정한 헌법에서는 이를 명시하지 않았고, 그 수준을 결정해 재분배를 실현하려 했던 정치 활동은 시작하기도 전에 좌절되었다. '평등주의자의 음모(The Conspiracy of Equals)'라는 조직으로 활동하던 시민들은 1793년 헌법에서 보장한 바를 시행하라고 요구했지만, 지도자인 프랑수아 노엘 바뵈프 (François Noël Babeuf)가 단두대에서 처형당하면서 와해하고 말았다.

하지만 바뵈프와 동시대를 살았던 영국의 부유한 철학자 제러미 벤담 (Jeremy Bentham, 1748~1832)은 소득 재분배 문제를 이론적으로 파헤쳤다. 벤담은 다음과 같이 세 가지 이론적 기초를 세우고, 어느 정도 재분배해야 효율적인지 자신의 이론을 정립했다.

1. 사회 전체의 행복은 각 구성원의 행복을 더한 총합이다.

2. 효율적인 재화 분배란 사회 전체의 행복을 극대화하는 것이다.

3. 한 사람이 1달러를 추가로 얻을 때 느끼는 행복은 그 사람이 소유한 재화의 양이 많을수록 감소한다.

경제학에서는 '행복'을 오래전부터 '효용(공리)'이라는 용어로 바꿔 부르고 있다. 그래서 벤담의 이론을 공리주의(utilitarianism)라고 한다. 개인이 느끼는 효용성(Utility, 줄여서 U)은 단위로 측정할 수 있다. 우리는 재화로부터 효용을 얻는다. 화폐가 1달러 늘어날 때마다 효용도 늘어난다. 화폐가 1달러 늘어날 때 얻는 효용을 '화폐의 한계효용'이라고 한다.

〈그림 1.1〉을 보면 한 사람의 소득(I)과 효용성(U) 간의 관계가 나타난다. 화폐의 한계효용은 ΔU라는 기호로 표현한다. 소득이 증가할수록 효용이 증가하지만, 그 관계가 정비례하는 것은 아니다. 소득이 1달러 늘 때마다 효용이 늘어나지만, 추가된 효용의 크기는 그 사람의 소득이 높을수록 줄어든다. 요컨대, 재화의 한계효용(ΔU)은 한 개인이 소유한 재화의 양이 많을수록 감소한다.

효용 함수에서 부자는 빈민보다 상단에 위치한다. 부자가 소유한 1달러가 가난한 사람의 손에 넘어가면, 부자가 잃는 효용의 크기는 빈민이 얻는 효용의 크기보다 작을 것이다. 따라서 부자의 1달러를 가난한 이에게 제공하면, 부자는 1달러를 잃지만 가난한 두 사람이 얻는 효용의

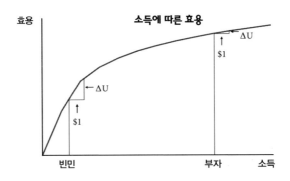

■〈그림 1.1〉 효용 함수

총합은 더 커진다. 그렇다면 어느 지점에서 소득 재분배를 멈추는 것이 가장 좋을까? 각 개인이 같은 양의 재화를 소유할 때이다. 효용의 총합이 극대화되는 지점이기 때문이다. 행복이라는 파이는 모두가 균등하게 재화를 나누었을 때 가장 커지고, 이때 공리주의자가 생각하는 경제 효율성을 달성하게 된다.

정의를 내려보자

공리주의자가 생각하는 경제 효율성: 공리주의적 관점에서는 사회가 얻는 효용의 총합을 극대화하는 정책이 효율성을 달성한다.

실제로 벤담은 평등을 앞장서서 옹호하고 실천한 사람이었다. 당시 케임브리지 대학교와 옥스퍼드 대학교는 영국 성공회 신자에게만 입학을 허용했지만, 공리주의에 근거해 1826년에 설립한 유니버시티 칼리지 런던(UCL)에서는 모든 학생에게 입학을 허용했다. 벤담은 UCL의 정신적 지주로 추앙받았으며, 그의 시신은 방부 처리한 미라의 형태로 오늘날까지 대학 내에 전시되고 있다(현재 그의 머리 부분은 짓궂은 학생들이 자꾸 훔쳐간 탓에 밀랍 모형으로 바뀌었다). 벤담은 "실제 분배되는 부의 양이 공평해질수록 행복의 총량은 극대화된다"고 말했다.

하지만 벤담이 전개했던 공리주의는 20세기 들어 경제 효율성의 척도로서 생명력을 잃었다. 이탈리아 경제학자 빌프레도 파레토(Vilfredo Pareto, 1848~1923)가 고안한 또 다른 효율성 이론이 공리주의를 대체하고 정설로 살아남았기 때문이다. 물론 지금도 경제학 교재에서는 공리주의를 다룬다. 하지만 파레토 효율성을 찾게 되기까지의 역사를 다루면서 그 과정에서 존재했던 이론의 하나로 잠깐 소개하는 데 그칠 뿐이다. 파레토 효율성은 어떻게 공리주의를 몰아낸 것일까?

교황과 파레토는
공리주의를 좋아하지 않았다

그 이유부터 살펴보자. 19세기 말에 유럽 사회의 불평등은 극심한 지경으로 치달아 언제라도 사회주의 혁명이 일어날 분위기였다. 교황 레오 13세는 만연한 빈부격차 문제를 우려하여 1891년에 "새로운 사태(Rerum Novarum)"라는 제목의 회칙을 발표했다. 노동자 계급의 처지를 중점적으로 다룬 이 회칙에서 교황은 이렇게 썼다.

> 모든 재화의 생산 과정과 상업을 소수가 거의 독점한 탓에 막대한 부를 축적한 극소수의 부자가 헤아릴 수 없이 많은 무산계급 노동자에게 노예의 처지와 다를 바 없는 멍에를 씌우고 있다.[1]

이 글을 보면 생산 과정을 재분배해야 한다는 주장을 펼치기 위해 논거를 제시하고 있는 듯이 보인다. 하지만 사실 교황은 국가가 실시하는 재분배 정책에 강력히 반대했다. 부자에게 가난한 사람을 도와야 할 법률상 의무를 부여해서는 안 된다고 주장했다.

"이 행위(빈민 구제)는 극도로 빈곤한 경우를 제외하면 정의를 실현하기 위한 의무가 아니라 기독교의 자비를 실천하기 위한 의무여야 하고, 이는 결코 법으로 강제할 수 없다."

1906년에 발행한 《정치경제학 지침(Manual of Political Economy)》에서 파레토는 가난한 사람에 대한 원조를 법으로 집행할 수 없는 이유를 상세히 설명하면서, 아무리 미약한 수준이라도 국가가 나서 재분배를 할 경우 다음과 같은 파국을 맞을 수 있다고 경고했다.

조세 평등을 위해 가난한 사람을 원조해야 한다고 주장하던 사람들은 부자가 희생해서 누진세를 부담해야 하고, 그 정책이 정작 세금을 내지도 않는 사람들의 투표로 결정되는 제도가 등장할 수 있으며, 종국에는 다음과 같이 파렴치한 주장을 펴는 이들이 생길 수도 있다는 가능성을 염두에 두지 않았다.

"부자에게만 A 세금을 물려야 하고, 이렇게 거둬들인 돈은 그 돈이 유용하게 쓰일 빈민을 위해서만 지출해야 한다. 따라서 이 조세법은 분명히 다수결에 따라 승인받을 것이다."[2]

파레토는 왜 재분배에 반대했을까? 파레토의 견해에 의하면, 벤담의 주장이 옳다고만 볼 수는 없었다. 〈그림 1.1〉에서 보듯, 벤담은 부자와 가난한 사람의 차이는 그들이 소유한 화폐량뿐이라고 가정했다. 같은 화폐량이 주어지면 두 사람은 같은 효용을 얻게 된다는 말이다. 화폐량을 제외하고는 부자와 가난한 자가 서로 비슷한 속성을 지녔다고 보았던 벤담은 부자가 소유한 1달러를 빈민에게 넘겨줄 경우, 부자가 잃는 것보다 빈민이 얻는 만족이 더 크다고 주장했다.

하지만 파레토가 주장한 바로는 부자와 빈민은 근본적으로 속성이 다르다. 파레토 시나리오에서는 부자의 돈을 빈민에게 이전할 경우, 빈민이 얻을 이득보다 부자가 더 큰 손실을 입을 수도 있다. 파레토는 극단적인 상황을 예로 들어 이 가능성을 뒷받침했다. 가령 부자가 가난한 사람의 빈곤한 처지에서 실제로 기쁨을 얻는다면? 그렇다면 재분배를 통해 빈곤을 줄일 경우, 가난한 사람이 얻는 이득보다 부자가 보는 손실이 더 클 수도 있다. 파레토는 이렇게 설명했다.

"늑대 한 마리와 양 한 마리가 있는 집단을 생각해보자. 늑대의 행복은 양을 잡아먹는 것일 테고, 양은 잡아먹히지 않는 것이 행복일 것이다. 이 집단이 행복해지려면 어떻게 해야 하는가?"[3]

경제학자들은 파레토가 공리주의에 반대한 논리를 설명할 때 보통 이 구절은 인용하지 않는다. 대신 이렇게 반문한다. 〈그림 1.1〉과 달리, 부자와 빈민의 효용 함수가 동일하지 않고 주어진 화폐량에서 빈민보다 부자가 더 큰 효용을 얻는 경우가 생긴다면? 〈그림 1.2〉는 이러한 주장을 잘 보여준다. 부자가 소유한 1달러를 빈민에게 건넬 경우 빈민이 얻는 이득보다 부자가 입는 손실이 더 클 수 있다는 것이다. 여기서 주목할 점이 있다. 부자도 빈민과 마찬가지로, 처음 1달러를 얻었을 때 얻는 효용이 마지막으로 1달러를 얻었을 때보다 더 크다. 부자가 마지막으로 얻은 1달러에서 얻는 효용은 빈민이 처음 1달러를 얻었을 때의 효용보다 더 클 수 있다.

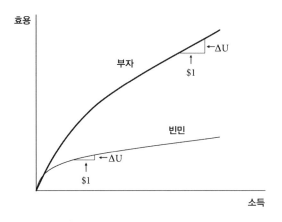

■〈그림 1.2〉 부자와 빈민의 효용 함수

만약 부자와 빈민의 처지가 하루아침에 뒤바뀌어 부자가 가난해지고 빈민이 부유해지면 어떤 일이 벌어질까? 〈그림 1.2〉의 곡선 모양은 그대로 유지되겠지만, 곡선에 붙은 명칭이 뒤바뀔 것이다. 아래쪽 곡선은 부자 효용 함수가 될 것이고, 위쪽 곡선은 빈민 효용 함수가 될 것이다. 이 경우에는 부자의 돈을 빈민에게 이전하는 것이 효용의 총합을 증대시키는 효과를 낳으므로 재분배가 정당성을 얻는다.

경제학자들은 〈그림 1.2〉 같은 상황이 실재한다고 주장하는 것이 아니라, 이론상 가능성이 있다고 보는 것이다. 효용은 실제로 측정할 수 있는 대상이 아니므로 이 같은 가능성을 무턱대고 무시할 수는 없다. 이런 상황이 실재한다면, 벤담의 주장은 설득력을 잃으므로 재분배 역시 그 정당성을 잃는다. 벤담은 파레토가 제시한 가능성을 인정했고, "인간의 속성 차이를 모두 헤아릴 수는 없다"고 말했다.[4] 하지만 벤담은 부자와 빈민 간에 그 속성이 크게 차이 날 가능성은 극히 적으므로, 부자와 빈민의 속성이 근본적으로 다르다는 가정 아래 정책을 시행할 때보다는 부자와 빈민이 비슷하다는 가정으로 국가 재정을 운영하는 쪽이 오류를 범할 가능성이 더 적다고 주장했다.

경제학자 아바 러너(Abba Lerner, 1903~1982)에 의하면, 벤담은 통계학의 기초인 확률론을 충실하게 따르고 있을 뿐이다. 겉으로 똑같아 보이는 것이 실제로는 다를지도 모르지만 그 여부를 알 길이 없다면, 우리가 할 수 있는 최고의 선택은 그것이 똑같다고 가정하는 것이다.[5] 주사위를 던져서 각각의 면이 나올 확률을 모두 6분의 1이라고 가정하는 것도 같은 이유다.

벤담이나 러너와 달리, 정작 파레토는 재분배로 가난한 사람이 얻을 이득보다 부자가 더 크게 손실을 볼 확률이 얼마나 되는지 전혀 개의치 않았다. 그 확률이 아무리 희박해도, 이론상 가능성이 존재한다면 소득 평등을 경제 효율성의 척도로 삼을 수 없는 근거가 충분하다는 것이다. 그리고 경제학계는 이 이론상의 가능성만을 토대로 자원의 재분배를 통한 경제 효율성을 버리고 파레토 이론을 경제 효율성의 척도로 삼았다.

2장

집이 여섯 채밖에 없는 곳에
일곱 가구가 살려 한다면?

파레토 역시 벤담과 마찬가지로 사회자원을 이용해 복지를 극대화하는 것이 효율적이라고 여겼다. 하지만 벤담이 효율성을 달성하기 위해 부자의 자원을 가난한 사람에게 재분배할 필요성을 염두에 두었다면, 파레토는 이러한 필요성을 처음부터 배제했다. 파레토가 주장한 바로는 한 사람이라도 더 행복하게 할 수 없다면, 이미 효율적으로 자원을 분배한 상태다. 효율성을 이렇게 정의하는 입장에서는 자원 재분배에 관심이 없다.

먼저, 파레토 효율성이 실제 의미하는 바를 살펴보자. 파레토 효율성은 약간 난해하지만, 현대 경제학에서 가장 중요한 초석 가운데 하나이므로 얼마간 시간을 투자하면 그만한 보상을 받게 될 것이다. 그래프가 몇 개 등장하는데, 개념을 이해하는 데 도움이 되긴 하나 그렇다고 꼭 알아야 하는 것은 아니니 크게 염려할 것은 없다. 이 부분만 넘기면 나머지 부분은 비교적 수월할 것이다.

집은 여섯 채밖에 없는데
일곱 가구가 살려 한다면?

경제학자는 자유시장의 움직임을 분석할 때 한쪽에는 시장에서 소비할 수 있는 상품의 수량을, 또 한쪽에는 여러 소비자가 상품에 부여하는 각기 다른 가치를 두고 작업을 시작한다. 요컨대, 공급과 수요를 따져보

는 일로 시작하는 것이다.[1]

일곱 가구가 어떤 도시에서 살 집을 구하는데, 이 도시에 세 들어 살 수 있는 아파트는 여섯 채밖에 없다고 가정해보자. 여섯 채는 선호도 측면에서 모두 같고, 각 아파트는 각기 다른 집주인이 소유하고 있다. 가구마다 소득 수준이 달라서 아파트 임대료로 기꺼이 지불할 수 있는 최대 금액도 각기 다르다. 한 가구가 임대료로 지불할 용의가 있는 최대 금액을 가리켜 '유보가격'이라고 한다. 유보가격은 〈표 2.1〉과 같고, 이는 해당 상품에 대한 수요를 형성한다.

가구	A	B	C	D	E	F	G
유보가격	$6,000	$5,250	$4,500	$3,750	$3,000	$2,250	$1,500

■ 〈표 2.1〉 임대료 유보가격

주어진 아파트에 대한 한 가구의 유보가격은 두 가지 기준에 따라 결정된다. 하나는 가구의 소득 수준이고, 또 하나는 아파트 품질과 지리적 위치, 임대료 조건을 따졌을 때 최선의 대안인가 하는 점이다. 예를 들어, G 가구는 이 도시에 있는 여섯 채의 아파트 가운데 한 곳도 구하지 못할 경우 도시 외곽에 1,200달러를 주고 월세 아파트를 구할 생각이다. 이 같은 대안을 고려해서 G 가구는 유보가격을 월 1,500달러로 책정했다. 이 말은 G 가구의 경우, 이 도시의 아파트 월세가 실제로 1,500달러라고 했을 때 도시 안에 있는 아파트에서 살거나 도시 외곽에 있는 1,200달러짜리 아파트에서 살거나 차이가 없다는 뜻이다.

그렇다면 이 중에 어느 가구가 아파트를 구할 수 있을까? 아파트 월세는 얼마에 형성될까? 아파트마다 소유주가 다르고, 소유주나 세입자가 가격 담합을 하지 않으며, 각 가구가 지불하는 월세 정보가 공개된다면 그 시장은 '경쟁시장'이다.[2] 경쟁시장에서 제일 먼저 주목해야 할 점은 어쩔 수 없이 모든 아파트의 월세가 같게 형성된다는 것이다. 월세가 동일하지 않은 상황을 가정해보면 그 이유를 알 수 있다.

예컨대 A 가구가 월 2,000달러를 내는 반면, B 가구는 월 1,500달러를 내고 있으며 이 정보를 모두 알고 있다고 하자. 이 경우 B 가구가 거주하고 있는 아파트 주인은 A 가구에 접근해 그들이 지불하는 월세보다는 싸고 B 가구가 내는 월세보다는 비싼 값에 A 가구와 계약하려고 시도할 것이다. 월 1,750달러 선이면 양자가 흔쾌히 합의를 볼 수 있을 것이다. 아니면 A 가구가 주도적으로 나서서 B 가구가 내고 있는 월세보다 더 많이 지불할 의향이 있다며 B 가구가 사는 아파트 주인과 협상을 벌일 수도 있다. 이 경우에도 1,750달러 선에서 합의를 보면 양자가 이득을 본다.

이처럼 (세입자를 '가로채려는') 집주인 간의 경쟁이나 (아파트를 '가로채려는') 세입자 간의 경쟁은 각자의 아파트 월세가 같은 가격에 이를 때까지 계속된다. 다른 세입자보다 월세를 더 많이 주고 싶은 사람도 없고, 다른 집주인보다 월세를 덜 받고 싶은 집주인도 없으므로 일물일가의 법칙(law of one price)을 얻게 된다.

경쟁시장에서 동일 상품은
그 가격이 동일하다

그렇다면 이 사례에서 월세는 얼마여야 할까? 임대료는 최소 월 1,500.01달러 이상이어야 한다. 이보다 금액이 낮을 경우, 가령 월세가 1,499달러라면 아파트는 여섯 채밖에 없는데 일곱 가구가 모두 아파트를 구하려고 경쟁에 나서기 때문이다. 집을 구하지 못한 가구는 집주인에게 월 1,499달러보다 더 많은 임대료를 제시할 테고, 집주인은 당연히 그 제안을 받아들이고 기존 세입자를 내보낼 것이다. 아파트를 두고 벌이는 소비자 간의 경쟁은 가격이 오를 만큼 올라 가장 형편이 궁한 가구가 경쟁에서 제외될 때까지 계속된다. 이는 월세가 최소한 1,500.01달러는 넘어야 한다는 뜻이다.

같은 이치로 월세가 2,250달러를 넘을 수는 없을 것이다. 2,250달러를 넘으면 세입자를 구하지 못한 집주인 중 하나가 월세를 내려서라도 세입자를 얻으려고 경쟁을 벌이게 되기 때문이다. 집주인 간의 경쟁은 각기 세입자를 얻을 때라야 중단될 것이고, 이는 F 가구가 제시한 유보가격보다 낮은 수준에서 월세가 형성되어야 한다는 의미다. 이런 이유로 시장에서 월세는 1,500.01달러에서 2,250달러 사이에 형성될 것이다.

각 가구가 제시한 유보가격으로 '수요 곡선'을 도출할 수 있고, 이는 각 가격대에 얼마나 많은 아파트 수요가 존재하는지를 나타낸다(《그림 2.2》). 수요 곡선을 보면 월세가 2,250.01달러에서 3,000달러 사이에 형성될 경우 아파트의 수요가 다섯 채라는 사실을 보여준다. 우리가 든 사례에서 공급 곡선은 이보다 훨씬 단순하게 수직선으로 나타나며, 집주인이 세를 놓고 싶어 하는 여섯 채의 아파트를 가리킨다. 이 공급 곡선과 수요 곡선이 교차하는 지점에서 '균형가격'이 형성되고, 이 가격대에서 시장이 '청산'된다.

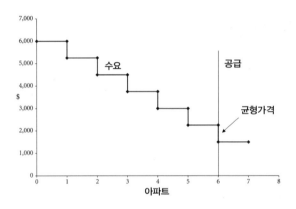

■〈그림 2.2〉 아파트의 공급과 수요

정의를 내려보자

시장 청산 가격: 시장을 '청산'할 수 있는 가격 또는 '균형가격'이라 함은 그 가격에 공급된 모든 아파트에 세입자가 들어오고, 그 가격을 기꺼이 지급할 용의가 있는 세입자가 모두 아파트를 얻는 상태를 말한다.

2장 집이 여섯 채밖에 없는 곳에 일곱 가구가 살려 한다면?

G 가구가 아파트를 얻지 못했지만 시장이 균형 상태에 있다고 보는 이유는 G 가구는 균형가격에서 아파트를 얻을 용의(월세를 지불할 여력)가 없기 때문이다.

소비자잉여와
파레토 효율성

어느 가정이든 그들이 생각하는 유보가격이 (시장이 균형 상태이고 시장가격도 균형가격일 때의) 시장가격보다는 높아야 아파트를 얻는다. 아파트를 얻은 가구는 그들이 생각하는 아파트의 가치(유보가격)에서 실제로 지불해야 하는 월세를 뺀 나머지 금액만큼 순 이득을 얻는다. 이 이득을 '소비자잉여'라고 한다. 예를 들어 시장 월세가 1,750달러라면 C 가구는 유보가격이 4,500달러이므로 해당 아파트에서 2,750달러의 소비자잉여를 얻는다.

피자 한 조각의 가격이 2.50달러라고 치자. 만약 당신이 생각하는 피자 한 조각의 유보가격이 3달러라면, 당신이 얻는 소비자잉여는 50센트이다. 유보가격이 딱 2.50달러라면, 피자를 구매하든 하지 않든 아무 차이가 없으므로 당신이 얻는 소비자잉여는 0의 값을 가진다. 유보가격이 2.50달러 이하면 피자를 한 조각도 살 수 없다. 요컨대, 피자 한 조각을 사는 편이 확실히 이득이거나 손해가 아닐 경우에만 피자를 구매하는 것이다.

　자유시장에서는 총 소비자잉여가 극대화되는 방향으로 아파트 분배가 이루어지므로 이 같은 분배를 '파레토 효율적'이라고 한다. 이와 반대로, 정부가 임대료를 규제하는 가운데 아파트가 분배될 경우에는 총 소비자잉여가 줄어드는 결과를 낳을 수 있어서 파레토 효율적이지 않다. 파레토는 효용(공리)이 아니라 소비자잉여의 관점에서 효율성을 측정한다.

만약 임대료를 규제한다면?

　임대료 규제는 정부가 개입해 자유시장에서 벌어지는 가격 경쟁에서 밀려날 위험이 큰 중산층과 빈곤층을 지원하는 제도다. 현재 뉴욕 시에서는 임대료 상한제를 시행하고 있으며, 임대료를 규제한 덕분에 수천 가구가 살 집을 구할 수 있었다. 하지만 현대 경제학자들이 볼 때 임대료 상한제는 파레토 효율적이지 않은 대표적인 정책이다.

　가장 인기 있는 현대 경제학 교재로 꼽히는 할 베리언(Hal Varian)의 《중급 미시경제학(Intermediate Microeconomics)》 첫 장에서는 파레토 효율적이지 않은 상태를 설명하려고 임대료 상한제를 사례로 들었다. 임대료 규제는 파레토 기준에 의하면 효율적이지 않다. 임대료를 규제하지 않았다면 구할 수도 없었을 아파트에 중산층 가정이 살게 되고, 결과적으로 총 소비자잉여를 극대화하지 못하기 때문이다.

앞서 일곱 가구가 등장했던 임대시장 사례에서, 정부가 모든 아파트에 월세 상한가를 500달러로 지정하는 규제 정책을 펴고 있다고 가정하고 이야기를 계속해보자. G 가구가 아파트를 얻고 A 가구는 아파트를 얻지 못했다고 하자. 이 상황은 파레토 효율적일까? 이에 대한 대답은 G 가구가 얻은 아파트를 A 가구에 재분배하되, 적어도 한 가구 이상이 이득을 보면서 상대 가구가 손해를 보지 않게 하는 것이 '잠재적으로' 가능한지에 달려 있다. 그 대답은 '잠재적으로' 가능하다는 것이다.

그렇다면 어떻게 가능한지 살펴보자. 임대료 규제를 받는 아파트를 세입자가 어떤 가격에 재임대하든 합법적이라고 가정하자. 이런 경우 A 가구는 월 1,500달러 이상을 지불하겠다고 G 가구에 제안할 수 있다. 거래가 성사되면 G 가구는 먼저 구한 아파트를 포기하는 데 충분한 보상을 받게 되고(교외로 이사하기에), A 가구는 애초의 월 6,000달러라는 유보가격에 비해 여전히 낮은 금액으로 아파트를 얻게 된다. 두 가구 모두 이득을 얻는 것이다.

가령 재임대한 월세가 4,000달러라고 하자. 그러면 G 가구는 더 이상 살지 않는 아파트에서 집주인에게 월세 500달러를 내고 나면 월 3,500달러의 소비자잉여를 얻고, A 가구는 그들이 들어가 사는 아파트에서 월 2,000달러의 소비자잉여를 얻는다. 두 가구 모두 이득이고 집주인이나 누구도 손해를 보지 않는다. 그러므로 한 가난한 가구가 임대료를 규제하는 시장에서 부유한 가구가 원하는 아파트에 계속 살게 되는 상황은 파레토 효율적이지 않다고 결론을 내릴 수 있다.[3]

반대로 애당초 모든 아파트가 부유한 가구에 돌아갔다면(자유시장에서는 그렇게 될 테지만) 파레토 효율적으로 아파트가 분배되었을 것이다. 재임대가 합법적이어도 이 시나리오에서는 아파트 분배에 변동이 생길 리가 없기 때문이다. 부유한 가구가 자기 아파트를 비워주는 대가로 높은 월세를 요구할 경우, 가난한 가구에서는 이를 지불할 수가 없다. 임대료 상한제가 도입된 이유도 자유시장에서는 파레토 효율적인 방식으로 아파트 분배가 이루어지기 때문이다.[4]

파레토 효율성을 시각적으로 나타낸 〈그림 2.3〉을 보자. A 가구의 유보가격은 월 6,000달러이고, 집주인은 월세 500달러를 받기 때문에 임대료 규제를 받는 이 아파트 한 채에서 얻게 되는 소비자잉여는 최대 5,500달러이다. 그림을 보면 A 가구와 G 가구 사이에서 이 잉여분을 어떻게 나눠 가질 수 있는지 나타난다.

2장 집이 여섯 채밖에 없는 곳에 일곱 가구가 살려 한다면?

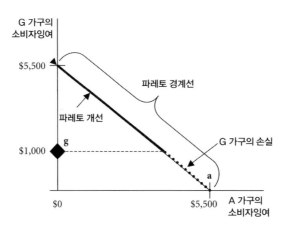

■〈그림 2.3〉 파이 나누기

    처음에 A 가구가 아파트를 구했다면 a 지점에서 아파트 분배가 이루어졌을 것이다. 이때 A 가구가 얻는 소비자잉여는 월 5,500달러인 반면, G 가구는 0달러이다. 만약 G 가구가 먼저 아파트를 얻었고 그 집에서 살기로 한다면, 분배는 g 지점에서 이뤄진 것이다. 이때 G 가구가 얻는 소비자잉여는 1,000달러이고, A 가구의 소비자잉여는 0달러이다. 만약 G 가구가 먼저 아파트를 얻어 그 집을 재임대한다면, 두 가구는 해당 아파트를 통해 월 5,500달러의 소비자잉여를 얻게 된다. 이때 두 가구는 '파레토 경계선(Pareto Frontier)' 상의 한 지점에 놓이게 된다.

    '파레토 경계선'이라는 이름은 그 선상에서는 어느 지점에서나 두 가구가 얻는 총 소비자잉여가 극대화되고(5,500달러), 따라서 한 가구의 소

경제학은 어떻게 내 삶을 움직이는가

비자잉여를 줄이지 않고는 또 다른 가구의 소비자잉여를 늘리는 것이 불가능하다는 사실에 기인한 명칭이다.

g 지점은 파레토 경계 선상에 있지 않다. 이는 두 가구가 그 지점에서 분배를 시작할 경우(G 가구가 아파트를 얻었다면) 그 집을 세놓고 이사함으로써 두 가구 모두 이득을 보는 것이 가능하기 때문이다. 물론 G 가구는 이 아파트를 소유한 대가로 1,000달러의 소비자잉여를 얻기 때문에 월세 500달러를 제하고 최소한 1,000달러 이상을 제시받지 않는 한 아파트를 포기하지 않을 것이다.

그림에서 G 가구는 '파레토 개선'에 해당하는 파레토 경계 선상에서만 거래에 동의할 것이다. 아무도 손해를 입지 않는 가운데 한 사람 이상이 이득을 보는 방향으로 자원이 재분배되면 '파레토 개선'이라고 한다. 파레토 개선이 이루어지면 손해를 보는 사람은 아무도 없지만, 적어도 한 사람 이상은 이득을 본다. g 지점이 파레토 경계 선상에 있지 않다는 사실이 바로 경제학자들이 임대료 규제가 파레토 효율적이지 않다고 주장하는 근거다.

〈그림 2.4〉는 A 가구와 G 가구가 모든 재화와 서비스를 통해 얻는 소비자잉여를 고려했을 때 임대료 규제가 미치는 효과를 보여준다. 임대료를 규제하는 시장에서 두 가구는 g 지점, 즉 파레토 경계선 안에 놓인다. 임대료 상한제가 폐지될 경우 이론상으로 보자면, 두 가구는 파레토 경계 선상 어디에든 놓일 수 있지만 실제로는 a 지점에 놓인다. 금액으로

변동 상황을 따져보면, G 가구가 입을 손실은 크지 않지만(1,000달러), 형편이 궁해서 결국에는 총 소비자잉여의 약 3분의 1에 해당하는 큰 손실을 보게 된다. 그리고 A 가구가 얻을 이득은 크지만(5,500달러), 총 소비자잉여에서 차지하는 백분율의 증가분은 그리 크지 않다.

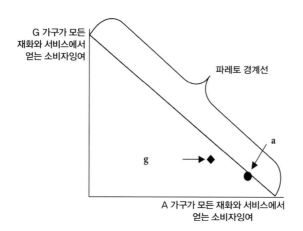

■ 〈그림 2.4〉 임대료 규제에 대한 전체 그림

피해자가 손실에 대해
보상을 받든 말든 간에

가난한 가구가 임대료 규제 아파트에서 거주하고 부유한 가구에서 이를 원할 경우에는, 재임대를 합법화하는 것이 두 가구의 복지를 증진하는 길이다. 그렇다면 왜 재임대를 합법화하지 않을까? 경제적으로 다양한 계층이 함께 어울려 살도록 하는 데 임대료 규제 정책의 목적이 있기 때문이다.

가난한 가구가 임대료 규제 아파트에서 살고 재임대가 허용되지 않는다면, 파레토 효율적이지 않은 아파트 분배가 이뤄진 것이다. 그렇다면 임대료 규제 아파트를 차지한 가구가 아무런 보상을 받지 못할 경우(〈그림 2.3〉에서 g에서 a로 이동하는 경우)에도 임대료 상한제를 폐지해야 하는가? 임대료 상한제를 폐지하면 적어도 한 가구는 손해를 보게 되는데, 파레토 효율 개념은 이때 우리가 어떻게 처신해야 하는지 지침을 제시하지 않는다.

파레토 이론에서는 정부에서 모두가 이득을 보는 정책을 채택해야 한다고 규정하지만, 이득을 보는 사람이 생기는 한편 손해를 보는 사람이 생기는 정책에 대해서는 침묵한다. 현실에서는 때에 따라 정부 정책으로 이득을 보는 사람이 있는가 하면 손해를 보는 사람도 생긴다. 그러므로 파레토 효율성은 정책을 채택할 때 지침으로 삼기에는 무용지물이다.

이 점에 대해 공리주의가 취하는 입장은 무척 다르다. 공리주의는 분배 정책의 필요성을 말하는데, 이런 정책 아래에서는 태생적으로 손해를 보는 사람이 생기기 마련이다. 경제학자가 공리주의를 거부하는 이유는 부자와 빈민의 효용 수준을 비교하기 때문이다. 부자의 1달러를 빈민에게 건넬 경우 후자가 얻는 이득의 크기가 전자가 입는 손실의 크기보다 클 것이라고 주장하니 말이다. 현대 경제학자들은 다양한 개인의 효용을 비교하는 것은 허용할 수 없다고 주장한다. 그러나 이득을 본 사람의 효용과 손실을 본 사람의 효용을 비교하지 않고서 어떻게 정책을 분석할 수 있을까? 1938년에 경제학자 로이 해러드(Roy Harrod, 1900~1978)는 이렇게 설명했다.

> 만약 개개인의 효용을 비교하는 것이 불가하다는 주장을 계속 밀고 나간다면, 곧 효용이 비교할 수 없는 대상이라면 후생경제학파(공리주의)가 내놓은 처방뿐 아니라 정책 처방이란 처방은 모조리 배제해야 한다. 조언자로서 경제학자는 아무짝에도 쓸모가 없는 셈이니, 그 사유가 엄청난 미적 가치를 지닌다면 모를까 아예 입을 다무는 편이 나을 것이다.[5]

이런 맥락에서 영국의 경제학자 니콜라스 칼도(Nicholas Kaldor, 1908~1986)와 존 힉스(John Hicks, 1904~1989)가 파레토 효율성 개념을 정책에 적용할 수 있게 하려고 나섰다. 칼도의 주장에 의하면, '피해를 본 사람이 자기 손실에 대해 보상을 받든 말든 간에' 누적된 전체 이득이 누적된 전체 손실을 초과한다면 그 정책은 시행해야 한다. 그렇지 않은 정책은 실행해서는 안 된다.

경제학자는 어떤 정책을 채택한 결과 구성원 중에 아무도 손해를 입지 않으리라는 사실을 입증할 필요가 없다. 경제학자가 그 정책이 채택되어야 한다는 자신의 주장을 입증하기 위해서는, 정책 실행 결과 손해를 입을 사람들이 생긴다 해도 결국에는 이득을 얻는 사람에 의해 충분히 보상을 받는다는 점, 어쨌든 나머지 구성원은 전보다 혜택을 입는다는 점을 보여주기만 해도 충분하다. 손해를 입을 사람이 실제로 보상을 받느냐 마느냐는 정치적 문제이며, 경제학자가 경제학자의 자격으로 왈가왈부할 수 없는 사안이다.[6]

힉스의 정책 검증 방법은 접근 방법에서는 칼도와 비슷하지만 세부적으로는 차이가 있다.[7] 힉스가 주장한 바로는 어떤 정책으로 피해를 본 이들이 해당 정책을 중단할 경우 수혜자가 입을 손실을 보상할 수 있고 보상하고 나서도 이득을 볼 수 있다면 이런 정책은 시행되어서는 안된다. 칼도와 마찬가지로 보상이 실제로 이루어지는지는 상관없다.

칼도와 힉스의 검증 방법이 실제로 무엇을 의미하는지 앞서 예로 든 주택 임대시장 사례를 통해 살펴보자. 아파트 여섯 채가 모두 월세를 규제받고, 형편이 가난한 가구부터 순서대로 아파트를 차지했으며, 월세 500달러를 내고 있다고 하자. 그리고 임대료 상한제가 없을 때는 2,000달러로 월세가 형성된다고 하자(시장가로 따지면 월세가 1,500.01달러에서 2,250달러 사이에 형성된다고 앞서 살펴보았다).

임대료 상한제가 폐지되면 G 가구는 아파트를 내놓아야 하고, 소비자잉여로 따지면 월 1,000달러의 손실을 입을 것이다. 이는 해당 가구의 유보가격인 1,500달러에서 임대료 상한제가 있을 때 지불해야 하는 500달러를 뺀 금액이다. B 가구부터 F 가구는 아파트에 그대로 살겠지만, 인상된 월세 때문에 월 1,500달러의 손해를 입게 된다.

먼저 칼도의 검증 방법을 적용해보자. 여기서 정책을 평가하는 기준은 다음과 같다. 임대료 상한제를 폐지하고 나서 결과적으로 피해자가 모두 보상받을 수 있고, 나머지 구성원도 혜택을 얻을 수 있는가? 월세가 올라감으로써 B~F 가구가 손실을 보는 부분을 다른 가구에서 그만큼 채워줄 수 있어야 한다. 그렇게 된다면 B~F 가구와 이들의 집주인은 임대료 상한제를 폐지하기 전과 마찬가지로 만족스럽게 지내게 될 뿐 아니라, 나머지 구성원인 A 가구와 G 가구, G 가구의 집주인도 혜택을 얻는다.

G 가구의 집주인은 임대료 상한제 폐지로 1,500달러의 월세를 추가로 받게 되어 이득을 본다. A 가구는 집주인에게 월세 2,000달러를 지불하고 G 가구에 월 2,000달러의 보상을 제공하고도 여전히 월 2,000달러의 소비자잉여를 챙길 수 있다. G 가구는 월 1,000달러가 아닌 월 2,000달러의 소비자잉여를 챙길 수 있다. 이득을 본 사람이 있고 손해를 본 사람은 없으므로, 칼도의 검증 방법에 의하면 임대료 상한제는 폐지되어야 한다.

이제 힉스의 검증 방법을 살펴보자. 여기서 정책을 평가하는 기준은 다음과 같다. 임대료 상한제 폐지로 생기는 피해자가 상한제를 그대로 시행하는 데 합의하는 수혜자에게 보상해줄 수 있고, 그 결과로 이득을 볼 수 있는가? 혹은 상한제 폐지를 받아들일 경우 두 집단 모두 이득을 볼 가능성이 있는가?

임대료 상한제 폐지로 이득을 보는 집단은 둘이다. 집주인들과 A 가구다. 피해를 보는 사람은 B~F 가구다. 사실 B~F 가구는 임대료 상한제 폐지를 포기하면 집주인이 보상해줄 수 있다. 임대료 상한제를 그대로 유지한다 해도 월세 2,000달러를 지불하기로 합의할 수 있고, 그러면 임대료 상한제가 폐지된 것과 마찬가지 효과를 낼 수 있다. 하지만 A 가구에 보상하는 문제는 동의할 수 없을 것이다. 인상된 월세를 지급하고 나면 아파트에서 아무런 소비자잉여를 얻지 못하기 때문이다. 만약 그들이 얻게 되는 소비자잉여 이상으로 보상해야 한다면, 차라리 이사를 하는 편이 낫다. G 가구는 집주인에게도 보상할 여력이 없다. 아파트에서 나오는 소비자잉여가 겨우 1,000달러인데, 월세가 1,500달러나 인상되기 때문이다.

요컨대 구성원 전체로 봤을 때 임대료 상한제 폐지로 생기는 피해자가 임대료 상한제를 그대로 시행하는 데 합의해주는 수혜자에게 제대로 보상할 수 없으므로, 힉스의 검증 방법에 따라서도 임대료 상한제는 폐지되어야 한다.

칼도와 힉스의 정책 평가 기준을 따르다 보면 결국 자유시장에서 일어나는 자원 분배와 같은 결과를 낳는 정책을 선택하게 된다. 그도 그럴 것이 두 사람의 평가 기준이란 사실상 자유시장의 분배와 같은 결과를 낳는지를 확인하는 것에 불과하기 때문이다. 두 사람의 이론이 파레토 효율성 개념보다 유일하게 더 나은 장점이라고는 파레토 효율이 장차 빈민이 손실에 대한 보상을 받을 가능성이 있는 경우에만 재분배 정책을 폐지할 것을 요구하는 반면, 두 사람은 빈민에게 어떤 결과가 발생하든 상관없이 재분배 정책을 폐지할 것을 요구한다는 점이다.

경제학자는 정책을 검증할 때 칼도와 힉스의 비용편익 분석 기준을 통과하는지를 따진다. 예를 들어, 임대료 상한제를 폐지하는 안에 대한 분석에서 '편익'은 부자가 얻게 될 소비자잉여이고, '비용'은 빈민이 잃게 될 소비자잉여이다. 1981년 레이건 대통령은 모든 행정규칙에 대해 연방 정부 기관마다 비용편익 분석을 의무화하는 행정명령에 서명했다. 1994년 클린턴 대통령은 또 다른 행정명령으로 해당 조항을 갱신했다. 백악관 관리예산처에서 발행한 '회람문서 A-4호'를 보면 비용편익 분석의 필요성을 이렇게 설명한다.

비용편익 분석은 규제를 분석하는 데 이용하는 중요한 도구다. 모든 비용편익을 계량화하고 화폐 단위로 나타내면, 의사결정권자에게 가장 효율적인 대안이 무엇인지 분명한 방향을 제시할 수 있으며 (……) 분배 효과를 제외하고 사회에 가장 크게 순 이득을 가져다주는 대안이다. 경제 효율성이 유일무이하고 가장 중요한 공공 정책의 목표는 아닐지라도, 비용편익

분석은 의사결정권자와 대중이 수용할 수 있는 유익한 정보다.[7]

타당한 진술문으로 보이지만 여기에는 소비자잉여로 측정되는 비용과 편익 자체가 소득 분배로 결정된다는 문제점이 있다. 임대료 상한제 폐지에 따른 편익이 비용을 넘어설 것으로 예상하는 이유는, 다름이 아니라 아파트를 구할 때 부자가 빈민보다 더 많은 돈을 지불할 수 있기 때문이다. 부자와 빈민이 모든 것을 똑같이 얻을 자격이 있다고 '자의적으로' 결론 내린 공리주의와는 달리, 비용편익 분석에서는 부자가 더 많은 것을 누릴 자격이 있다고 '객관적으로' 확정 짓는다.[9]

임대료 상한제는
주택의 품질을 떨어뜨리고 공급량을 감소시킨다?

경제학자에게 임대료 상한제는 가격 규제가 재화의 생산과 관련해 어떻게 파레토 효율성을 저해하는지 보여주는 완벽한 사례이기도 하다. 임대료 상한제는 집주인이 얻을 이익을 떨어뜨리고, 결과적으로 새로 주택을 구매하려는 집주인의 의욕을 떨어뜨린다. 소비자와 집주인은 더 많은 주택이 있어야 이득을 볼 텐데, 구매 의욕이 떨어져 주택 건설 규모가 감소하면 파레토 효율적이지 않은 결과를 낳게 된다.

임대료 상한제를 폐지하면 일부 세입자는 아파트를 잃겠지만, 대신 신규 주택 건설이 활성화되면 집주인과 세입자가 얻을 이득으로 거처를 잃은 세입자의 소비자잉여 손실을 상쇄하고도 남을 것이다. 만일 그렇다면 피해를 볼 사람이 보상받을 '잠재적 가능성'이 존재한다.

이 주장이 안고 있는 첫 번째 문제는 애당초 정부가 왜 특정 시장에서 가격을 규제했는지 그 이유를 설명하지 못한다는 것이다. 중세 시대에는 유럽 전역에서 빵 가격을 규제했지만, 요즘에는 어디에서도 빵 가격을 규제하지 않는다.[10] 왜 그럴까? 중세 시대에는 부자와 빈민의 수요를 맞출 식량이 부족했지만, 오늘날에는 식량이 충분하기 때문이다. 가격을 규제한다고 해서 없던 빵이 더 생기지는 않았지만, 빈민이 구할 수 있는 빵이 더 늘어난 것은 사실이다(그 시절에는 빵을 사려면 누구나 줄을 서야 했다. 빈민도 구입할 수 있을 만큼 빵 가격은 낮았지만, 공급량이 수요에 미치지 못했기 때문이다).

가난한 소비자가 자유시장에서 정당한 몫의 재화를 자신에게 분배하지 않는다고 생각하고, 이런 상황을 바로잡도록 목소리를 높일 수 있을 때 자유시장에 가격 규제라는 제재가 가해진다. 중세 시대 빈민에게는 자신의 요구사항을 반영할 변변한 통로가 없었고, 지배층은 민란이 일어날까 봐 경계했다.

재화의 생산과 관련해 가격 규제가 파레토 효율성을 저해한다는 주장이 안고 있는 두 번째 문제점은, 자유시장이 약속한 풍요를 가져다줄 때까지 과도기를 지나는 동안 우리가 어떻게 해야 하는지 아무런 이야기가 없다는 것이다. 임대료 상한제를 폐지하고 나면 언제고 형편이 더 좋아질 거라는 약속을 믿고 적지 않은 가구가 거처를 옮길 것이다. 설령 이 약속이 지켜질 거라고 해도 문제는 있다. 경제학자 존 메이너드 케인스(John Maynard Keynes, 1883~1946)는 우리에게 닥친 경제 문제를 자유시장에서 해결해주기를 기다리기만 해서는 안 된다고 경고했다. "장기적으로 우리는 모두 죽을 것"이기 때문이다. 그렇다면 임대료 상한제 폐지로 보금자리를 잃게 될 가족은 어떻게 해야 하는가?

세 번째 문제점은 가격 규제 정책을 펴는 중에도 얼마든지 신규 주택 건설과 노후 주택의 유지보수를 촉진하는 유인책을 쓸 수 있다는 것이다. 신규 주택은 임대료 규제 대상에서 대개는 면제를 받으며, 노후 주택의 유지관리 비용을 충당하기 위해 임대료를 인상하는 것도 허용하고 있다.

경제학자들이 재분배 정책에 반대하려고 재화 생산과 파레토 효율성의 관계를 어떻게 써먹는지 잘 드러난 사례가 있다. 임대료 상한제가 신랄하게 공격받던 1997년에 ABC 방송국이 〈프라임타임 라이브(Primetime Live)〉 쇼에서 뉴욕 시에서 실시하고 있는 월세 규제 문제를 다뤘을 때였다. 방송국은 당시 조지 메이슨 대학교 경제학부 학장 월터 윌리엄스(Walter Williams) 교수를 전문가로 섭외했다.

하지만 윌리엄스의 주거지는 뉴욕이 아닌 버지니아였고, 뉴욕의 주택 시장을 연구한 적도 없었다. 뉴욕은 물론 다른 도시에서 시행하는 임대

2장 집이 여섯 채밖에 없는 곳에 일곱 가구가 살려 한다면?

료 상한제와 관련해 단 한 건도 통계 자료를 제시하지 않았다. 방송 진행자인 존 스토셀(John Stossel)은 시청자에게 임대료 상한제와 관련한 사실을 제공하는 대신 뉴욕 시에서 임대료 규제를 받고 있는 여러 주택의 영상을 내보냈고, 윌리엄스는 옆에서 해설을 늘어놓았다. 스토셀은 먼저 유명 인사들이 월세 규제를 받는 호화 아파트에 사는 모습을 보여주었다. 그러고 나서 브롱크스의 다 쓰러져가는 노후 주택을 보여주었다.

스토셀 마지막으로 드릴 말씀은 월세 규제가 의도치 않은 결과를 낳고 있다는 겁니다. 가장 파괴적인 부작용이 뭐냐 하면 집주인이 임대료를 올리지 못한다면 주택을 수리하지 않겠다고 한다는 겁니다. 정말 그분들은 노후 주택을 수리하지 않더군요.
윌리엄스 공중 폭격이나 다름없어요. 도시를 파괴하는 가장 좋은 방법이 바로 임대료를 규제하는 겁니다.[11]

집주인이 집을 수리하지 않는다고? 윌리엄스는 월세 규제를 받고 있는 호화 아파트에 사는 돈 많은 유명 인사들에 대해 바로 옆에서 듣지 않았던가? 스토셀은 주택의 상태를 결정짓는 것은 월세 규제가 아니라 세입자의 재산이라고 결론 내렸어야 했다. 뉴욕 시의 부동산 시장에 대해 조금이라도 알고 있는 사람이라면 가난한 동네의 집주인이 월세를 올리지 못하는 이유가 월세 규제 때문이 아니라, 세입자가 가난하기 때문이라는 사실 정도는 알고 있다. 확실한 통계 자료를 구할 수는 없지만,[12] 몇몇 자료에 의하면 가난한 동네에서 실제로 형성된 월세는 규제 월세보다 '밑도는' 경우가 많다.

뉴욕 시의 열악한 주택 문제는 어제오늘 일이 아니다. 뉴욕 시에서 주택 규제를 하지 않고 내버려두면 주택 품질이 어떻게 되는지 시청자에게 보여주고 싶었다면, 1890년에 출간한 제이콥 리스(Jacob Riis)의 책《나머지 절반은 어떻게 사는가(How the Other Half Lives)》에 나오는 사진을 이용하는 게 더 좋지 않았을까? 자유시장은 가난한 사람에게 양질의 주택을 제공하는 데 실패했고, 바로 이 때문에 최저 주거기준이 마련된 것이다.

또한 임대료 상한제가 공중 폭격당한 것처럼 도시를 황폐화한다고? 경제 호황기를 누리던 1997년의 뉴욕이? 뉴욕의 신규 주택은 임대료 규제 대상에서 모두 제외되었으며, 임대료를 규제함에도 곳곳에서 활발하게 주택이 건설되고 있었다는 사실을 윌리엄스는 시청자에게 알리지 않았다. 철거되는 주택은 저소득층의 주택이었고, 그것도 월세 규제 때문이 아니라 소득 불평등 때문이었다. 맨해튼 지역 고급 아파트의 임대료가 워낙 높았던 터라 개발업체는 저소득층 주택을 지을 의욕을 전혀 느끼지 못했다. 기존의 저소득층 주택을 헐어 고급 주택을 짓는 일이 빈번했다.

건물의 유지보수와 관련해서도 임대료 상한제를 적용받는 뉴욕의 아파트는 유지비용이 인상되는 만큼 집주인과 매년 임대료를 조정한다는 사실을 알리지 않았다. 임대료 상한제가 시행된 뒤에 건물을 매입한 집주인은 규제로 인한 손실이 반영된 가격에 주택을 매입한다는 점도 방송에는 나오지 않았다. 집주인이 얻는 수익률은 자유시장에서 얻는 수익률과 같은 셈이다.

이상한 주장을 펼친 경제학자가 윌리엄스 한 사람뿐이라고 간단히 무시해버리면 좋겠지만 사정은 그렇지 않다. 전미 경제학회 소속 학자들을 대상으로 한 설문조사를 보면 "임대료 상한제는 주택의 품질을 떨어뜨리고 주택 공급량을 감소하게 한다"는 진술에 76%가 대체로 동의했으며, 17%는 '조건부' 동의를 하는 것으로 나타났다.[13] 설문 조사 결과 자체가 임대료 규제 반대를 천명한 경제학자들의 선언문은 아니지만, 세간에서는 그렇게 해석하고 있으며 이 같은 해석이 정확할 것이다.

윌리엄스가 임대료 규제는 도시에 대한 공중 폭격이라고 해괴망측한 비유를 썼는데, 원래 이 말을 한 사람은 따로 있다. 윌리엄스는 이 사람이 누구인지 밝히지 않았지만, 앵무새처럼 이 비유를 되풀이하는 많은 경제학자가 스웨덴의 경제학자 아사르 린드벡(Assar Lindbeck)이라고 이름을 밝힌다.[14] 린드벡이 사회주의자임을 고려하면 경제학 공부가 얼마나 나쁜 영향을 끼칠 수 있는지 보여주는 사례가 아닌가 싶다.

임대료 규제 아파트가
부자에게 돌아간다고?

임대료 규제가 파레토 효율적이지 않다는 주장은 대중매체의 시선을 끌 만한 소재가 아니다. 하지만 임대료 규제를 받는 아파트가 돈 많은 세입자에게 돌아간다는 주장은 떠들썩한 화제를 불러일으킨다. 미아 패로 (Mia Farrow)는 임대료 상한제에 대한 온갖 그릇된 이미지를 대표하는 인물로 떠올랐다. 패로는 돈 많고 유명한 여배우였고, 센트럴 파크가 내려다보이는 그녀의 아파트는 임대료 상한제를 적용받는 곳이었다. 스토셀도 방송에서 패로를 빼놓지 않고 언급했다. 그렇다면 임대료 규제 아파트는 진짜로 부자에게 돌아가는가?

스토셀이 방송에서 한 이야기와 달리 자료를 살펴보면 사실은 그렇지 않다는 것을 알 수 있다. 뉴욕에 거주하는 세입자는 대체로 가난하고, 특히 임대료 규제 아파트에 사는 세입자는 더 가난하다. 임대료 규제 아파트에 사는 가구의 평균 소득은 2004년에 3만 2,000달러였다. 임대료를 규제하지 않는 아파트에 사는 가구의 평균 소득은 4만 2,000달러로, 대략 3분의 1이 더 많았다.[15]

임대료 규제를 반대하는 논리를 펼칠 때 패로를 사례로 삼는 데는 흥미로운 구석이 있다. 임대료 규제를 찬성하는 입장에서도 그녀를 사례로 삼을 수 있기 때문이다. 1994년 뉴욕 시는 임대료 규제법을 변경하고 월세가 2,000달러 이상인 아파트 가운데 세입자의 연간 소득이 25만 달러를 넘을 경우 규제 대상에서 제외했다.

1997년에는 다시 법을 개정해 월세가 2,000달러 이상인 아파트 가운데 세입자의 소득이 연간 17만 5,000달러가 넘으면 규제 대상에서 제외했다. 또 월세가 2,000달러 이상인 아파트 중에 세입자를 구하지 못하면 세입자 소득과 무관하게 규제 대상에서 제외했다. 여기에 해당하는 집주인은 시장가로 월세를 받을 수 있었다는 말이다.

그렇다면 패로는 시장가격을 지불하고 아파트에서 계속 지낼 수 있었을까? 그녀는 뉴욕을 영영 떠나고 말았다. 왜 그랬을까? 단정할 수는 없지만 인상된 시장가격만큼 월세를 지불할 여건이 되지 않았을 가능성이 크다. 패로에게는 자녀 14명이 있었는데, 그중에 입양한 자녀 몇몇은 실명, 심장병, 뇌성마비, 중풍 등 중증 장애를 겪고 있었다. 그녀가 맨해튼의 높은 월세를 감당하지 못한 것도 어쩌면 당연했다.

패로 가족은 떠났고 그녀의 아파트에는 다른 가족이 들어와 살았다. 패로 가족을 대신해 아파트를 차지한 가족에게도 14명의 자녀가 있었을까? 그 아이들이 패로의 아이들처럼 특수한 보살핌이 필요한 아이들이었을까? 패로 가족을 대신해 아파트를 차지한 가족을 다룬 언론은 한 군데도 없었다. 자세한 사정이야 모르지만, 사람들은 어쨌거나 새로운 세입자는 시장가격을 지불하고 그 아파트를 차지했으니 패로 가족보다는 정당한 자격을 갖췄다고 생각한다.

어떤 정책으로 가난한 사람에게 혜택이 돌아가면 다들 공리주의자가 되어 그들이 과연 수혜를 받을 자격이 있는지 꼼꼼하게 따지면서도, 부자가 사회자원을 마구 집어삼킬 때에는 과연 그것이 정당한 몫인지 계산해보지 않는다.

패로는 결국 아파트를 옮겼지만, 임대료 규제 혜택을 저소득층에게만 적용해야 한다는 주장은 여전히 유효하다. 하지만 빈민층에만 혜택이 돌아가는 정부 정책은 폐지되는 경우가 비일비재하다는 점을 고려할 때, 수혜 대상을 정하는 문제는 그렇게 단순하지 않다. 정확한 자료가 아니라 단편적 지식에 근거해 정책을 세우는 것은 위험한 일이다.

재화의 재분배와 파레토 효율성

재화의 재분배는 파레토 효율적이지 않다. 재화에 대한 유보가격이 낮은 이들에게 재화를 제공하기 때문이다. 하지만 부자든 빈민이든 화폐에 대해서는 모두 유보가격이 동일하다. 누구에게든 1달러는 정확히 1달러의 가치를 지닌다. 따라서 파레토 효율성을 근거로 화폐의 재분배를 반대할 수는 없다. 파레토가 화폐의 재분배에 반대한 것은 효율성 개념을 위반하기 때문이 아니라, 부자가 소유한 1달러를 빈민에게 건네면 사회 전체의 효용이 감소할 수 있다는 이유였다.

3장

굶주리고 아픈 사람에게
최소한의 보조금만 주는 까닭은?

경제학자는 정부 요직을 차지하는 경우가 많고, 그럴 때마다 자신이 배운 내용을 충실하게 실천한다. 파레토 기준에 따라 효율적이지 않으면 정책을 폐지하는 것이다.

이건 파레토 효율적이지 않아, 가난한 사람이 너무 많이 먹는단 말이지

1997년 여러 아시아 국가는 외국인 투자자가 빠져나가면서 금융위기를 겪었다. 달러 유입이 줄어들면 지역 화폐의 가치가 떨어질 거라고 예상한 환투기 세력은 자신이 보유하고 있던 지역 화폐를 달러로 바꿨다. 이 때문에 자신의 자산 가치가 떨어질 것을 두려워한 현지 주민들도 자국 통화를 달러로 바꾸기 시작했고, 달러는 품귀 현상을 빚었다. 이 자기실현적 예언은 달러 가치의 상승을 불렀다.

외국인 투자자가 아시아 경제에 대한 신뢰를 갑자기 저버린 까닭을 합리적으로 설명할 길은 없다. 대공황 시대를 살았던 영국의 경제학자 케인스는 투자자의 심리 상태는 논리적으로 밝힐 길이 없다고 했다. 그는 투자자가 "야성적 충동"에 따라 일시적인 기분에 휩쓸려 투자를 결정하기 때문에 예측할 수 없다고 했다. 합리적으로 설명할 길이 있든 없든 결과는 달라지지 않는다. 달러 가치는 상승했고 이는 각국의 수입 물가도 연달아 상승한다는 뜻이었다.

특히 식량 수입 의존도가 높은 인도네시아는 금융위기로 심각한 타격을 입었다. 인도네시아는 밀을 전량 수입에 의존하고 설탕은 3분의 1, 쌀은 10분의 1을 수입에 의존하고 있었다.[1] 당시 인도네시아 정부는 식량보조금 정책을 폈지만. 그럼에도 곡물 가격이 너무 많이 올라 식량 부족으로 인한 시위가 전역에서 일어났다. 수도인 자카르타에서만 500여 명이 사망할 정도였다. 인도네시아 정부는 국민을 먹여 살리기 위해 국제통화기금(IMF)에서 구제금융을 받아야 했다.

국제통화기금 경제학자들은 인도네시아 정부가 오래전부터 식량 보조금 정책을 실시하고 있다는 사실을 달갑게 여기지 않았다. 식량 보조금 정책은 파레토 효율성을 저해한다. 이런 이유로 국제통화기금은 인도네시아 전역에서 폭동이 일고 있는 와중에도, 미국 재무부 차관 래리 서머스(Larry Smmers)의 지원을 등에 업은 채 '시장 기반 가격 결정' 방식을 확립하고 보조금을 폐지할 것을 구제금융 조건으로 내세웠다. 심지어 클린턴 대통령도 전용기에서 수하르토 대통령에게 전화를 걸어 국제통화기금의 조건을 수용하라고 요구했다.[2]

임대료 규제가 파레토 효율적이지 않았던 것과 같은 논리로 식량 보조금 역시 파레토 효율적이지 않을 수도 있다. 국가의 보조금이 없었다면 손에 넣지 못했을 재화를 가난한 사람도 살 수 있게 되었기 때문이다. 소득이 20달러인 한 가난한 가구가 식량에 대해 지불할 수 있는 유보가격이 〈표 3.1〉과 같다고 해보자. 처음 두 단위는 생존 유지에 꼭 필요한 식량이다. 만일 식량 가격이 단위당 20달러라면 이 가족은 한 단위 분량의 식량을 살 수 있고, 식량 가격이 단위당 10달러라면 두 단위 분량을 살 수 있다. 여기서 시장가격이 단위당 20달러이고, 인도네시아 정부가 그 가격에 식량을 구매해서 단위당 5달러에 시민에게 식량을 판매한다고 하자. 정부는 단위당 15달러의 보조금을 지원하는 셈이다. 생존 유지에 꼭 필요한 처음 두 단위 이상으로 구매하는 것은 구매자의 선택에 달려 있다. 정부 보조금을 지원하는 상황에서 세 번째 단위부터 이 가구의 유보가격은 다음과 같다.

단위	1	2	3	4
유보가격	필수	필수	$6	$4

■〈표 3.1〉 한 가구의 필수 식량과 식량에 대한 유보가격

표를 보면 식량 보조금이 없을 때 이 가난한 가구는 20달러에 한 단위 식량밖에 살 수 없으니 굶주려야 한다. 하지만 보조금 덕분에 3단위까지도 구입이 가능하다. 이 가구는 세 번째 단위를 구입할 때 1달러의 소비자잉여를 얻지만, 이를 위해 정부는 15달러를 지출한다. 이는 정부의 보조금 덕분에 파레토 효율적이지 않은 방식으로 자원이 배분되고 있음을 의미한다.

이론상으로는 정부가 세 번째 식량 구입부터 이에 해당하는 보조금을 폐지하고, 가난한 가구에 현금 2달러를 지급하는 방안도 가능하다. 해당

가구가 꼭 필요한 2단위까지만 식량을 소비한다면, 1달러 이득을 볼 수 있다. 납세자 입장에서는 13달러 이득을 보기 때문에 파레토 개선이 가능하다.

현실적으로는 해당 가구가 구매하는 식량 한 단위에만 보조금을 취소할 수 없다. 그렇다면 모든 구매 단위에 대해 보조금을 취소하고 현금 42달러를 지급하면 앞서 말한 것과 같은 결과를 도출한다. 해당 가구는 보조금 정책을 시행할 때보다 1달러 더 이득을 보고, 납세자는 13달러 이득을 보게 된다.

이 사례에서 식량 보조금 정책은 파레토 효율적이지 않은 결과를 낳았지만, 사례로 들었던 가구보다 소득이 작은 경우에는 사정이 달라진다. 소득이 10달러뿐인 가구를 생각해보자. 이 가구는 식량 보조금 덕분에 식량 2단위를 구입할 수 있다. 이 경우 보조금을 폐지하면 최소한의 식량도 구매할 수 없어서 영양실조에 걸릴 것이다. 그러면 파레토 개선이 불가능하므로 이때는 보조금 정책이 파레토 효율적이다.

식량 보조금 정책은 가난한 나라에서 열렬한 지지를 받고 있다. 수많은 사람이 혜택을 누리기 때문이다. 자신의 세금으로 보조금을 부담하고 있는 부자는 그 혜택을 누리지 못하는 셈이지만, 식량 보조금이 폐지되면 기존의 수혜자 중에서도 대개는 극빈층만이 정부의 보상을 받을 자격을 얻게 된다. 문제는 극빈층은 정치적으로 힘이 없어서 이들에게 필요한 보상이 실현되는 경우가 극히 드물다는 점이다. 식량 보조금을 폐지하면 굶주림을 양산하게 된다. 식량 보조금을 폐지한 인도네시아에서 폭동이 일어난 것도 어쩌면 당연한 결과다.

노벨 경제학상 수상자로 당시 세계은행 수석 경제학자였던 조지프 스티글리츠(Joseph Stiglitz)는 인도네시아에서 일어난 식량 폭동을 "국제통화기금 폭동"이라고 불렀다. 스티글리츠는 〈옵저버〉와의 인터뷰에서 이렇게 말했다.

"국가 재정이 파탄 나면 국제통화기금은 유리한 고지에 서서 그 나라의 고혈을 마지막 한 방울까지 짜내려 한다. 그들은 가마솥이 끓다가 폭발할 때까지 불을 지핀다."

국제통화기금의 비밀 문건을 입수한 〈옵저버〉가 보도한 바로는, 국제통화기금 관리자들은 자신들이 강요하는 정책 때문에 해당 국가에 사회 불안이 발생하리라 예기했고, 이런 폭동에 정치적 해결로 대응할 계획까지 세워두고 있었다.[3]

공리주의자의 생각

식량 보조금 정책에 공리주의를 적용하면 어떻게 될까?

만약 보조금 폐지로 손해를 보는 사람이 장차 모두 보상받을 수 있다면, 보조금 제도는 폐지해야 한다. 문제는 아무런 보상을 받지 못할 경우에도 보조금을 폐지해야 하느냐는 것이다. 만약 보조금이 없어 가난한 사람이 굶주려야 한다면 효용 면에서 볼 때 보조금으로 빈민이 얻을 이득은 세금으로 보조금을 부담하느라 부자가 입을 손실보다 클 것이다. 물론 주관적인 효용은 측정할 수 있는 대상이 아니다. 상대적인 득실을 비교하려면 그 가치를 판단해야 하고 여기에는 오류가 있을 수 있다. 하지만 식량 보조금 정책은 파레토 효율적이지 않을지는 몰라도 '공리주의 효율적'일 수는 있다.

이건 파레토 효율적이지 않아, 가난한 사람이 너무 자주 병원을 찾는단 말이지

레이건 대통령의 경제자문위원회 위원장을 지냈던 마틴 펠드스타인 (Martin Feldstein)은 2004년에 미국 경제학자 사이에서 최고의 영예로 인정받는 전미 경제학회 학회장으로 취임했다. 펠드스타인은 취임사 가운데 상당 부분을 의료보험제도에 할애했다. 물론 의료보험은 전미 경제학회 학회장이 취임사에서 다루기에 딱 알맞은 소재다. 5,000여만 명의 미국인이, 그것도 이 가운데 다수는 정규직임에도 의료보험을 적용받지 못하고 있기 때문이다.[4]

이 같은 심각성을 고려할 때, 사람들은 아마도 취임사에서 더 많은 미국인에게 의료보험 혜택을 제공할 방법이나 민간 의료보험 조직인 건강관리기구(HMO)에서 적용하는 제한 규정을 철폐할 방법을 언급할 거라고 기대했을 법하다. 하지만 펠드스타인은 청중을 향해 미국의 의료보험은 본인 부담금과 공동 부담금이 "너무 싸서" 사람들이 걸핏하면 병원을 찾는 바람에 문제가 생겼다며 이렇게 말했다.

"그 저렴한 공동 부담금 때문에 생산비도 안 나오는 값에 진료해야 하는 일이 늘어나고 있습니다."[5]

경제학자가 아닌 사람이 보기에 가장 비효율적인 의료 행위를 꼽자면 십중팔구 미용 성형수술을 떠올릴 것이다. 꼭 필요한 의료 치료에 투입되어야 할 의사와 간호사, 수술실이 다른 용도로 쓰이기 때문이다. 하지만 경제학자가 보기에는 미용 성형수술이야말로 '효율적인' 의료 행위다. 왜 그럴까? 의료적으로 꼭 필요한 행위가 아니라는 바로 그 이유 때문이다. 꼭 필요한 수술이 아니어서 보험이 적용되지 않고, 보험이 적용되지 않기 때문에 수술비를 낼 능력이 없는 사람은 성형수술을 받지 못한다. 이런 점에서 미용 성형수술은 "생산비도 안 나오는 값에" 제공하는 의료행위가 아니다. 하지만 필수 의료 서비스에는 의료보험이 적용되므로, 펠드스타인에 의하면 "생산비도 안 나오는 값에" 제공하는 의료 행위인 것이다.

공동 부담금이 너무 저렴한 탓에 "생산비도 안 나오는" 수준의 의료 서비스 수요가 늘고 있다는 펠드스타인의 주장을 다음 사례를 통해 살펴보자. 의사에게 한 번 진료받는 비용이 100달러이고, 보험에 가입하지 않은 가난한 사람이 있는데 진료비로 20달러 이상 낼 능력이 없다고 하자. 이는 의사에게 진료받기 위해 이 사람이 책정한 유보가격이 20달러이고, 결국 의사에게 진료받을 수 없다는 뜻이다.

이번에는 조건을 바꿔서 이 사람이 보험에 가입했고, 공동 부담금은 전혀 없다고 해보자. 이런 상황에서는 비록 "생산비도 안 나오는" 일이 긴 해도 의사에게 진료를 받을 수 있다. 그렇다면 이 진료는 파레토 비효율을 가져오는 걸까? 다시 말해, 만약 보험사가 이 사람에게 의사를 찾지 않는 대가로 진료비에 약간 못 미치는 금액, 가령 95달러를 제공한다면 이 가난한 병자는 이 돈을 받을까? 여기서 이 사람이 당연히 돈을 받을 거라고 가정하는 것은 옳지 않다. 20달러 이상 낼 능력이 없지만 혼자 힘으로 진료비를 부담해야 하는 상황이라면, 이 돈을 받기보다는 의사에게 진료받는 편을 선호할 것이기 때문이다(지불 능력과 재화의 가치 사이에 어떤 관계가 있는지는 4장에서 살펴볼 것이다).[6]

하지만 경제학자는 재화를 얻기 위해 개인이 지불할 수 있는 금액과 그 재화의 가치를 동등하게 다루는 데 익숙한 사람들이다. 전미 경제학회 학회장 취임사에서 했던 펠드스타인의 주장 역시 이를 근거로 한다. 하지만 이 둘의 가치는 절대 같지 않으며 그래서 보험이 존재한다. 의료비를 지불할 능력이 없을 때 의사를 찾아갈 수 있게 해주는 것이 보험 아니겠는가.

2009년 현재 직원에게 의료보험을 제공하는 사업주는 해당 보험료를 소득 항목에서 공제해 세제 혜택을 받는다. 펠드스타인은 이 같은 공제를 중단하고 의료보험료를 인상하고 싶어 한다. 고용주 입장에서 보험료가 인상되면 가난한 직원은 어쩔 수 없이 본인 부담금과 공동 부담금이 더 높은 의료보험에 가입해야 할 것이고, 그러면 병원을 찾는 횟수가 줄어든다는 것이 펠드스타인의 설명이다. 만약 우리가 펠드스타인의 조언을 따른다면, 가난한 사람은 목숨을 대가로 지불해야 할지도 모른다. 공동 부담금이 증가하면 각종 예방 접종, 암 검사, 생명과 직결된 필수 의약품 등을 이용하지 못하게 될 공산이 크기 때문이다.[7]

펠드스타인의 주장으로는 가난한 사람을 위한 의료 서비스는 생산비도 안 나오는 일이지만, 말할 것도 없이 이는 부자에게는 해당하지 않는 이야기다.

이번에는 앞서 살펴본 사례에 부자를 적용해보자. 예컨대 진료비로 부자가 책정한 유보가격이 100.01달러라고 하자. 그러면 보험사는 이 부자가 의사를 찾지 않는 대가로 이와 같은 금액 혹은 그 이상을 지불해야 한다. 하지만 이 경우에는 진료비가 그 금액보다 낮다. 다시 말해, 애당초 공동 부담금에 구애받지 않던 이 부자에게는 낮은 공동 부담금이 파레토 효율적일 것이다.

공리주의자의 생각

공리주의자라면 무엇보다도 의료보험이 건강한 사람의 돈을 아픈 사람에게 이전하는 재분배 정책이라는 점에 주목할 것이다. 사람들은 필요할 때 의료 서비스를 받을 수 있는 경제력을 확보하고자 의료보험에 가입한다. 자기 힘으로 진료비를 낼 능력이 안 되는 사람에게 의료 서비스를 제공하는 정책이 비효율적이라는 주장은 공리주의자에게는 듣도 보도 못한 괴이한 이야기다.

세금으로 의료보험 비용을 보조하는 정책은 사회 전체의 효용을 증대시키는가? 사람들에게 건강보다 더 큰 효용은 없다. 효용 면에서 볼 때 의사에게 진료를 받는 환자가 얻을 이득은 그 비용을 세금으로 지불하는 사람이 입을 손실보다 더 크다. 하지만 현실적으로는 직원에게 의료보험을 제공하지 않는 사업주가 적지 않고, 의료보험을 제공하는 경우에도 보장 내용이 천차만별이다. 조세 공제 제도의 형평성이 문제가 된다는 뜻이다. 그렇다고 조세 공제 제도를 아예 없애기보다는 모든 사업장에서 동일한 의료보험을 제공하도록 의무화하는 것이 더 낫다.

이건 파레토 효율적이지 않아, 가난한 사람이 좋은 공기를 너무 많이 마신단 말이지

제1세계의 환경주의자와 노동자들은 제3세계의 환경오염 문제를 깊이 우려한다. 환경주의자는 제3세계 국가가 환경오염을 일으키는 공장을 강력히 규제할 만큼 경제적으로 여유롭지 못하다는 점을 걱정하고, 노동자는 자국의 제조업체가 환경 규제가 느슨한 제3세계 국가로 이전해 일자리가 줄어들까 봐 걱정한다.

로런스 서머스(Lawrence Summers)는 클린턴 행정부 재무장관을 거쳐 오바마 대통령의 경제자문위원회 의장을 맡은 사람으로, 1991년부터 1993년까지 세계은행의 수석 경제학자를 지냈다. 세계은행 재직 당시 그는 제3세계의 환경오염 문제와 관련해 어떤 입장을 보였을까? 그의 지시 내용을 담은 1991년도 내부 문건은 지금도 악명이 자자하다.

"가장 돈을 못 버는 나라에 유독 폐기물을 내버린다는 경제 논리에는 아무런 오류가 없으며, 우리는 냉정하게 이 문제를 직시해야 한다."[8]

이 문건이 세상에 공개되자 서머스는 반어적으로 표현한 말이라고 발뺌했다. 그는 해명을 하면서도 자기가 한 말이 잘못되었다고 말하지 않았다. 그가 했던 말은 파레토 효율성에 근거한 경제 논리와 한 치도 다름이 없다. 제3세계 국민이 좋은 공기를 마시게 허용하는 일은 파레토 효율적이지 않다. 만약 그들이 돈을 주고 좋은 공기를 마셔야 할 상황이라고 가정해보면 그들에게는 그만한 경제력이 없기 때문이다.

제3세계에 유독 폐기물을 버리는 것이 경제적으로 타당하다는 서머스의 주장은 제1세계에서 적용하는 환경 규제를 제3세계에도 똑같이 적용해야 한다는 환경주의자와 노동조합의 요구에 대해 자신의 견해를 밝힌 것이다. 주류 경제학자가 보기에 현실성 없는 개혁을 꿈꾸는 이들이 이해하지 못하는 게 하나 있다. 제3세계에서도 제1세계와 똑같이 환경 규제를 집행하면 파레토 비효율을 초래한다는 점이다.

예컨대 한 생명을 살리는 오염 규제 시스템을 구축하는 데 400만 달러가 든다고 하자. 만약 제1세계에서 생명의 가치가 500만 달러라면, 400만 달러를 지출해서 그 생명을 구해야 마땅하다. 하지만 제3세계에서 생명의 가치가 100만 달러라면, 이 경우 사람을 살리는 것은 파레토 효율적이지 않을 것이다. 이를테면 한 사람이 죽고 200만 달러를 지급하는 편이 제3세계 국민 입장에서는 더 이득이기 때문이다.[9]

파레토 효율성의 논리를 용납하지 못하는 사람들은 위험을 각오해야 한다. 1992년 브라질의 환경부 장관 호세 루첸베르거(José Lutzenberger)는 오염물질 수출을 장려하는 이 미국 경제학자 서머스에게 이렇게 편지를 써서 보냈다.

"당신의 주장은 논리적으로는 흠이 없을지 몰라도 지극히 비상식적입니다. (……) 당신이 한 말은 우리가 살아가는 자연에 대해 수많은 주류 경제학자가 얼마나 오만하고 무지한지, 우리 이웃에 대해 얼마나 인정머리가 없는지, 어떻게 모든 것을 경제 논리로 환원하는 망상에 빠져 사는지 확실하게 보여주는 증거입니다. 만일 세계은행이 당신을 부총재 자리에 그대로 놔둔다면 세계은행의 신뢰는 땅에 떨어질 것입니다. 그렇게 된다면 '세계은행은 사라지는 게 가장 좋다'고 입버릇처럼 말했던 제 말이 옳았음을 증명하게 되겠군요."[10]

루첸베르거는 이 편지를 쓰고 얼마 안 되어 장관직을 잃었다.

공리주의자의 생각

환경 보호 정책이라고 하면 부자나 감당할 수 있는 배부른 정책으로 생각하는 이들이 많다. 서머스의 주장에도 이런 생각이 깔려 있다. 하지만 환경 보호 정책을 법제화하고 중앙정부에서 집행하면, 이는 재분배 정책이 된다. 제1세계에서 환경 보호 정책이 꼭 필요한 이유는 그 나라가 부자여서가 아니라, 그 나라에 가난한 공동체도 있기 때문이다. 만약 가난한 공동체가 환경오염을 일으키는 공장에서 제공하는 일자리와 깨끗한 환경을 놓고 둘 중 하나를 반드시 선택해야 한다면, 이들은 전자를 선택할 공산이 크다. 하지만 환경 법규를 제정해 중앙정부에서 이를 강제하면 노동자가 협상 자리에서 자신의 건강을 포기하지 않아도 된다. 이렇게 일률적으로 환경 보호 정책을 집행할 때 가장 가난한 공동체에 가장 큰 혜택이 돌아간다.

환경 보호 정책은 환경오염 제어기술에 투자해야 하는 기업주와 결국 더 높은 가격에 제품을 구입해야 하는 소비자의 돈을 더 깨끗한 환경이라는 형태로 가난한 공동체에 이전하는 것이다. 효용 면에서 볼 때 기업주의 이윤이 감소하고 소비자 가격이 올라가서 사람들이 입는 손실보다 깨끗한 환경으로 얻는 이득이 더 크다면, 환경 보호 정책은 공리주의 효율적이다.

자국의 환경 보호 규제를 피해 공장을 해외로 이전하는 기업주는 결국 자국의 환경 보호 정책을 무력화한다. 노동자가 일자리를 잃을수록 환경 보호 정책에 대한 지지 기반이 약해질 테니 말이다. 환경 보호 정책은 국내외 가리지 않고 세계 모든 공동체가 함께 따라야 실효를 거둘 수 있다. 제3세계 국가의 느슨한 환경 규제를 옹호했던 서머스는 결국 세계 각지에서 느슨한 환경 규제가 난무하기 쉬운 처방을 내렸던 셈이다.

만약 가난한 나라에서도 제1세계와 같은 수준의 환경 규제를 집행하거나 환경 규제가 느슨한 나라에서 생산한 제품을 제1세계 국가에서 판매 금지한다면, 상당수 제조업체는 다시 본국으로 돌아갈 수도 있다. 부유한 나라의 가난한 이들과 마찬가지로 가난한 국가의 가난한 사람도 오염된 환경으로부터 자신을 보호할 필요가 있다.

예를 들어, 중국에서는 40만 명에 달하는 사람이 매년 환경오염으로 이른 나이에 목숨을 잃는다.[11] 만약 일자리가 줄어드는 현상을 타개한답시고 제1세계 국가가 환경 규제를 풀어준다면, 일자리는 늘어나지 않으면서 갈수록 환경오염이 심각해지는 사태를 목도할 것이다.

경제학은 어떻게 내 삶을 움직이는가

4장

부자가 더 부자가 되면, 우리 모두 더 부자가 될까?

경제학자는 애초에 어떤 재화를 살 형편이 안 되는 가난한 사람에게 재화를 재분배하는 것은 파레토 효율적이지 않다는 이유로 이를 반대한다. 가난한 사람이 재화의 재분배로 얻을 효용을 고려하면 근거가 희박한 주장이다. 게다가 이미 수많은 사례에서 파레토 비효율을 근거로 한 그들의 주장이 틀렸다는 사실이 드러났다.

재화의 재분배가 파레토 효율적이지 않다는 주장에는 부자가 가난한 사람보다 재화에 훨씬 더 높은 유보가격을 책정한다는 생각이 깔려 있다. 어떤 아파트를 부자와 빈민이 모두 원한다면, 당연히 부자가 그 아파트를 차지하게 된다고 대답할 수 있는 상황에서만 성립하는 전제다. 하지만 상황을 바꿔보면 이 전제는 성립하지 않는다.

가난한 사람이 월세 상한제가 시행되는 아파트에 거주하고 있으며, 그 아파트를 탐내는 부자가 있는데 재임대가 합법적이라고 하자. 이 경우에는 가난한 사람이 그 아파트를 부자에게 재임대하리라고 전제하기 어렵다. 아파트에 살고 있는 가난한 사람의 유보가격이 그 아파트를 탐내는 부자의 유보가격보다 더 높을 수 있기 때문이다.

여러 학자가 알아낸 바로는, 팔 계획이 없던 자신의 재화를 팔 가능성이 생겼을 때 소비자는 애초에 시장에서 그 재화를 살 때 지불하기로 합의했을 금액보다 평균 7배 정도 더 높은 금액을 요구하는 것으로 나타났다. 자신에게 없는 재화를 구입하려고 기꺼이 지불하는 금액을 '지불의사 금액'이라고 한다. 그리고 자신이 소유했던 재화를 다시 팔 때 받고 싶은 금액은 '수용의사 금액'이라고 한다.

실제로 지불의사 금액과 수용의사 금액을 알아내 그 차이를 측정하는 일은 거의 불가능하다. 소비자는 언제 어느 때라도 재화를 구입하거나 판매할 수 있지만, 구입과 동시에 판매가 이뤄지는 일은 없다. 소비자는 재화를 살 때 자신의 지불의사 금액(실제 지불하는 금액과 같거나 그보다 높다)을 밝히고, 재화를 팔 때는 수용의사 금액(소유자가 요구하는 금액과 같거나 그보다 낮다)을 밝힌다. 하지만 이 두 가격을 동시에 관찰할 수는 없다.

경제학자는 실험을 통해 이 두 가격을 추정하는데, 결과를 보면 지불의사 금액과 수용의사 금액 간에 1대 1에서 1대 113까지 다양한 편차를 보인다.[1] 하지만 두 금액 간에 차이가 크게 벌어지는 경우는 많지 않아서 평균값은 1대 7 정도에 그친다. 식량, 의료 서비스, 주택은 다른 일반 재화보다 차이가 더 크게 날 것으로 보이지만, 이것들을 대상으로 그 값을 측정한 결과는 찾아보기 어렵다.[2]

우리가 다루어온 임대료 상한제의 사례로 다시 돌아가 보자. 사례에서 G 가구의 유보가격은 월 1,500달러이고 A 가구의 유보가격은 월 6,000달러였다. 임대료 상한제를 적용받는 아파트의 월세가 500달러이고, G 가구가 그 아파트에 거주한다고 가정하자. 그리고 A 가구가 그 아파트를 임대하는 조건으로 그들이 지불할 수 있는 최고 금액인 월 6,000달러를 G 가구에 제안한다면? G 가구는 이 제안을 수용할까? 꼭 그러리라고 보기는 어렵다.

우선 월세가 1,500달러가 아니라 500달러라서 G 가구는 월 1,000달러의 소비자잉여를 얻고 있기 때문이다. 또 그 아파트는 G 가구가 선호하는 위치에 있으며, 동네에 정착해서 안정되게 살고 있다. 월세가 저렴하다는 점에서 G 가구는 A 가구가 제시한 높은 가격에도 불구하고 아파트에 그대로 머물 가능성이 있다. A 가구가 아무리 많이 돈을 준다 해도 G 가구가 제안을 수락하지 않을 거라는 뜻이 아니다. 일단 아파트를 소유한 뒤에는 G 가구의 유보가격이 A 가구의 유보가격보다 더 높을 수 있다는 뜻이다. 따라서 임대료 상한제 아래에서 가장 가난한 가구가 아파트에 살아도 파레토 효율적 분배를 이룰 가능성이 있다고 봐야 한다. 임대료 상한제를 반대하는 경제학자가 내세우는 바로 그 파레토 효율성을 판단 기준으로 삼아도 그들의 주장은 정당성이 없다.

자유시장은 물론 임대료 상한제를 시행하는 시장에서도 파레토 효율적 분배가 가능하다면 정부는 어느 쪽을 선택해야 하는가? 보다시피 파레토 효율성은 정책을 결정할 때도 유용한 기준이 되지 못한다.

무엇이
'정당한 보상'인가?

2005년 켈로와 뉴런던 시가 벌인 소송에 대한 연방대법원의 판결에 수많은 미국인이 충격에 휩싸였다(대법원은 시 당국의 토지수용에 5대 4로 합헌 결정을 내렸다-옮긴이). '공리주의'라는 용어를 직접 쓰지는 않았지만, 산드라 데이 오코너(Sandra Day O'Connor) 대법관과 클라렌스 토마스(Clarence Thomas) 대법관은 바로 이 공리주의 효율성을 근거로 토지수용에 반대한다는 의견을 냈다.

사건이 소송으로 이어진 배경은 이렇다. 세계적인 제약회사 화이자의 경영진은 코네티컷 주 뉴런던 시에 연구소를 세우고 싶어 했다. 뉴런던 시는 화이자 제약 연구소를 마을에 유치하기 위해 트럼불 요새 인근 동네에 사는 115가구를 이주시키기로 했다. 이 가운데 106가구는 시 당국이 제안한 가격에 부동산을 팔기로 합의했지만 9가구는 이를 거부했다. 그러자 시 당국은 이 9가구에 토지수용권을 행사해 이들을 강제 이주시키고, '정당한 보상'을 지급하기로 했다.[3] 하지만 해당 주민은 퇴거 통지가 날아들자 돈을 받고 거처를 옮기는 대신 소송을 제기했고, 이는 결국 대법원까지 올라갔다.

오코너 대법관과 토마스 대법관은 함께 반대표를 던졌지만, '정당한 보상'의 정도에 관해서는 생각이 달랐다. 하지만 여러 매체에서는 두 사람의 의견을 별 차이가 없는 것으로 받아들였다. 토마스 대법관도 오코노 대법관의 반대 의견서에 동의했으니 그럴 만도 했다. 하지만 두 사람이 보상을 다루는 입장은 단순히 다른 정도가 아니라, 거의 정반대되는 지점에 놓여 있다.

토마스 대법관은 주민들이 정당하게 보상받을 '가능성'이 있다는 말에

이의를 제기했다. "이른바 도시 재개발 사업은 정부에서 수용한 부동산에 대해 일정한 보상금을 제공하지만, 쫓겨나는 소유주가 주관적으로 그 땅에 부여하는 가치를 보상하는 것은 절대로 불가능하다"고 설명했다. 물론 토마스 대법관이 과장해서 말한 측면이 있다. 자신도 "절대로 보상이 불가능하다"고 믿지는 않았을 테니까 말이다.

토마스 대법관은 정부에서 개발 사업을 진행하면서 토지를 수용하는 곳을 보면 대개는 부자가 아니라 가난한 사람의 부동산을 대상으로 하고 있으며, 그 이유는 더 저렴하게 '정당한 보상'이 가능할 거라는 계산 때문이라고 지적했다. 이 같은 계산법을 비판한 토마스 대법관의 입장에는 다음과 같은 생각이 깔려 있다. 주택 판매가는 서로 차이가 날지 몰라도 가난한 가구가 자기 주택에 부여하는 가치는 부자가 매긴 가치보다 절대 작지 않다는 것이다. 가난한 주민에게 주택의 가치는 값으로 따질 수 없고 가치를 함부로 매길 수 없이 소중하다는 점에서, 부자나 가난한 사람이나 같은 처지에 놓인다.

주택의 가치는 사실 무한하지 않지만 만약 이 가치를 돈이 아니라 효용으로 따진다면, 가난한 사람에게 자기 집의 가치가 더 높을 수도 있다. 부잣집은 살던 주택을 잃어도 변화에 적응할 만한 재원이 훨씬 풍족하기 때문이다. 그러므로 수용의사 금액은 부잣집보다 가난한 집이 더 높다. 여기서 토마스 대법관은 가난한 집과 부잣집의 효용을 비교하고 있고 공리주의를 판단 근거로 삼았다.

오코너 대법관 역시 '정당한 보상'을 문제로 삼았다. 그녀는 소송을 제기한 원고 중 한 사람인 빌헬미나 데리(Wilhelmina Dery) 부인의 처지를 들어 문제점을 설명했다. 데리 부인의 집은 100년 가까이 지켜온 삶의 터전으로, 1918년에 그 집에서 태어나 남편과 함께 60년째 살아오고 있었다. 바로 옆집에는 데리 부인의 아들이 살았다. 그런 집에서 쫓겨나는 것은 무척 고통스러운 일이다. 그 집은 가족들에게 시장가격 이상의 가치를 지니므로, 주택을 뺏긴 가족에게 부동산 시가만 지급하는 것은 손실에 대한 충분한 보상이 되지 못한다.

오코너 대법관은 분명 옳은 말을 했지만, 그녀의 논리를 확장하면 정부가 토지를 수용할 때 부동산 소유주가 부자일수록 더 많이 보상해줘야 한다는 기존의 관행을 강화할 뿐이다. 토마스 대법관이 토지를 수용당했을 때 그 손실에 대처할 수 있는 소유주의 경제력에 초점을 맞췄다면, 오코너 대법관은 정부가 강제 수용한 부동산의 가치에 초점을 맞췄다.

이 소송에서 토지수용 합헌 결정이 내려지자 미시간 주에서는 새로 법을 제정해 발 빠르게 대처했다. 미시간 주에서는 토마스 대법관이 아니라 오코너 대법관처럼 부동산 가치에 초점을 맞췄다. 관련법은 시가의 125%를 넘지 않는 선에서 '정당한 보상'을 하도록 규정하고 있다.[4] 이 같은 조치는 정부에서 부자보다는 가난한 사람의 부동산을 수용하도록 부채질하는 셈이나 다름없으므로 공리주의 입장과는 확실히 거리가 멀다.

부자가 정부로부터 특별한 대접을 받는다는 사실은 9·11 테러 희생자의 가구에 지급된 보상금에서도 극명하게 드러났다. 부자는 가난한 사람보다 손실에 대처할 수 있는 여건이 훨씬 좋은데도 가난한 가구보다 많은 보상금을 받았다. 이를 보면 정부 지원에는 소득 재분배 원칙이 없는 것이 확실하다. 소득 재분배 원칙이 부재한 미국 정부는 소득 불평등에 대해서는 개의치 않고, 기존의 불평등을 도리어 심화하는 일에 세금을 지출하고 있다.

부자의 돈을
가난한 이들에게 이전하는 법

현재 미국에는 국가 의료 서비스, 공공 주택과 주택 보조금 정책 등을 비롯해 부자의 돈을 가난한 이들에게 공개적으로 이전하는 여러 복지 정책이 존재한다. 하지만 우리 눈에 보이지 않게 부자의 돈을 가난한 이들에게 이전하는 효과가 가장 큰 경로는 공공 서비스 시행에 따른 정부 지출이다.

여기 두 가구가 있다고 해보자. 한 가구는 연간 소득이 3만 달러이고 또 한 가구는 30만 달러이다. 각 가구에는 자녀가 한 명씩 있고, 국가에서 공교육 서비스를 제공하지 않아 연간 1만 5,000달러를 내고 사립학교에 보낸다고 하자. 등록금을 내고 난 뒤 두 가구 간의 소득 비율은 19대

1(28만 5,000달러 대 1만 5,000달러)이다. 공교육 제도가 마련되면 정부는 이들 두 가구에서 세금을 거둬들여 학비를 조달한다. 소득세가 누진세라면, 부유한 가구가 가난한 가구에 보조금을 지급하는 효과를 확실하게 볼 수 있다.

비례세율을 적용하는 경우에도 부자에게서 빈민에게로 소득을 재분배하는 효과가 있다. 교육비 3만 달러를 충당하려면 9.1% 세율이면 될 것이다. 가난한 가구는 교육비가 1만 5,000달러에서 2,727달러로 줄어드는 효과가 있고, 부유한 가구에서 지불하는 비용은 2만 7,273달러로 늘어나게 된다. 그러면 두 가구 간의 세후 소득 비율은 10대 1로 대폭 줄어든다. 부유한 가구의 세후 소득은 27만 2,272달러가 될 것이고, 가난한 가구의 세후 소득은 2만 7,272달러가 된다. 이렇게 세금은 소비세 같은 역진세인 경우에도 금액으로 따져서 부자가 더 많이 세금을 내는 한 여전히 재분배 효과가 있으며, 이 세금은 부자와 빈민에게 같은 재화와 서비스를 제공하는 데 사용된다.

소득세는
효율적이지 않다?

미국을 건국한 선조들은 1787년 헌법을 제정하면서 소득세 제정을 금지하는 조항을 넣었다. 헌법 제1조에는 "앞서 언급한 인구조사 또는 인구집계에 비례하여 배분되지 않는 인두세나 그 밖의 직접세는 부과하지 못한다"고 명시되어 있다. 다시 말해, 연방 의회는 조세의 부담이 공평한 인두세를 징수할 수 있을 뿐 소득 비율에 따라 가난한 사람보다 부자에게서 더 많은 돈을 거둬들이는 세금은 부과하지 못한다.

건국 선조들이 왜 특별히 소득세에 반대했는지는 모르지만, 토머스 제퍼슨(Thomas Jefferson)은 소득 재분배가 연방의 제1원칙을 위반한다고 믿었다.

> 어떤 이가 자신과 선대의 노력으로 쌓은 부를 너무 많다고 간주하고 그 사람만큼 근면하지도 않고 능력도 떨어지는 사람(또는 그런 선대를 둔 사람)에게 인정을 베풀려고 그 사람의 돈을 빼앗는다면 이는 연방의 제1원칙, 즉 "모든 사람에게 생산 활동의 자유와 그로 획득한 열매를 누릴 권리를 보장한다"는 원칙을 제멋대로 위반하는 것이다.[5]

다른 건국 선조들도 제퍼슨과 비슷한 견해였을 것이다. 그들은 소득세 입법을 지연시키는 데는 성공했지만 이를 영영 저지하지는 못했다. 1913년에 수정헌법 제16조에서 소득세 징수를 명백하게 허용했으니까 말이다.

"연방 의회는 소득원에 상관없이 모든 소득에 대해 각 주에 배당하지 않고 인구조사 또는 인구집계와 무관하게 세금을 부과 및 징수할 권한을 지닌다."

〈표 4.1〉에서처럼 미국인은 바로 법 집행에 나섰다. 연방 정부는 소득세가 입법화되자마자 소득세를 부과했고, 거둬들인 세수로 정부의 역할을 확대하여 공공재를 제공하는 데 사용했다.

연도	최고 한계세율	연도	최고 한계세율	연도	최고 한계세율
1913	7.0%	1931	25.0%	1949	82.13%
1914	7.0%	1932	63.0%	1950	91.00%
1915	7.0%	1933	63.0%	1951	91.00%
1916	15.0%	1934	63.0%	1952	92.00%
1917	67.0%	1935	63.0%	1953	92.00%
1918	77.0%	1936	79.0%	1954	91.00%
1919	73.0%	1937	79.0%	1955	91.00%
1920	73.0%	1938	79.0%	1956	91.00%
1921	73.0%	1939	79.0%	1957	91.00%
1922	56.0%	1940	81.10%	1958	91.00%
1923	56.0%	1941	81.00%	1959	91.00%
1924	46.0%	1942	88.00%	1960	91.00%
1925	25.0%	1943	88.00%	1961	91.00%
1926	25.0%	1944	94.00%	1962	91.00%
1927	25.0%	1945	94.00%	1963	91.00%
1928	25.0%	1946	86.45%	1964	77.00%
1929	24.0%	1947	86.45%	1965	70.00%
1930	25.0%	1948	82.13%	1966	70.00%
1967	70.00%	1982	50.00%	1997	39.60%
1968	75.25%	1983	50.00%	1998	39.60%
1969	77.00%	1984	50.00%	1999	39.60%
1970	71.75%	1985	50.00%	2000	39.60%

1971	70.00%	1986	50.00%	2001	38.60%
1972	70.00%	1987	38.50%	2002	38.60%
1973	70.00%	1988	28.00%	2003	35.00%
1974	70.00%	1989	28.00%	2004	35.00%
1975	70.00%	1990	31.00%	2005	35.00%
1976	70.00%	1991	31.00%	2006	35.00%
1977	70.00%	1992	31.00%	2007	35.00%
1978	70.00%	1993	39.60%	2008	35.00%
1979	70.00%	1994	39.60%	2009	35.00%
1980	70.00%	1995	39.60%		
1981	69.13%	1996	39.60%		

■ 〈표 4.1〉 최고 한계세율

출처:유진 스튜얼(Eugene Stueerle)과 조지프 페치먼(Joseph Pechman), 합동세제위원회(Joint Committee on Taxation) 2003년 고용 및 조세 감면 법에 대한 합의 요약문(Summary of Conference Agreement on the Jobs and Tax Relief Reconciliation Act of 2003), JCX-54-03, 2003. 5. 22, IRS Revised Tax Schedule [6]

〈표 4.1〉에서 보듯 소득세를 징수하는 수정헌법이 통과된 지 4년 뒤, 즉 미국이 1차 세계대전에 참전했던 1917년에 최고 한계세율은 67%로 껑충 뛰어올랐고 한 해 뒤에는 77%까지 올랐다. 1925년에는 25%까지 삭감되었지만 이 낮은 세율은 그리 오래 유지되지 못했다. 1929년부터 대공황이 시작되자 정부는 엄청난 공적 자금이 투입되는 정책을 시행하기 시작했다. 정부가 직접 나서서 노동자에게 일자리를 제공했고, 사회보장제도와 빈곤층 아동지원 제도를 도입했다. 1932년에는 최고 한계세율이 63%로 올랐고, 1982년까지 50년간 60% 이상으로 꾸준하게 유지되었다. 1950년부터 14년 동안은 심지어 90% 이상이었다.

그렇다면 왜 미국인은 정부의 세금 정책에 반대하게 되었을까? 그 이유가 무엇이든 경제학자가 과거와의 단절을 조장하는 데 주도적인 역할을 한 것은 부인할 수 없다. 그들이 어떻게 했느냐고? 경제학자는 높은 한계세율이 파레토 효율적이지 않다고 주장했다. 어디서부터 높은 세율이고 어디서부터 낮은 세율인지 그 한계가 구체적으로 명시된 적이 없기에 사람들은 세율을 어떻게 책정하든 무조건 세율이 높다고 거부감을 느낀다.

5장

경영자가 일반 노동자보다 임금을
431배 더 받는 이유는?

1974년 시카고 대학교 경제학자 아서 래퍼(Arthur Laffer)는 제럴드 포드 (Gerlad Ford) 행정부에서 백악관 비서실장을 맡은 도널드 럼즈펠드(Donald Rumsfeld)를 만나려고 워싱턴으로 향했다. 래퍼는 소득세 최고 세율이 비효율적으로 높은 이유에 대해 새로운 이론을 설계한 사람이다. 〈월스트리트 저널〉의 논설위원인 주드 와니스키(Jude Wanniski)는 럼즈펠드 비서실장을 설득해 래퍼를 만나도록 주선했다. 하지만 럼즈펠드는 백악관에 부담을 주기 싫어서 마지막 순간에 약속 장소에 나가지 않기로 마음을 바꿨다.

럼즈펠드 대신 나간 사람은 딕 체니(Dick Cheney) 비서실 차장이었다. 어느 칵테일 바에서 체니를 만난 래퍼는 냅킨 위에 도표를 그리며 부자에게 세금을 '너무 많이' 부과하는 것이 왜 국가에 해로운지 설명했다. 하지만 럼즈펠드도, 체니도 래퍼의 이론에 영향을 받지 않았다.[1] 포드 대통령은 감세 정책을 도입하지 않았고 재임하는 동안 최고 한계세율은 내내 70%를 유지했다. 하지만 그 냅킨이 1981년 레이건 대통령 손에 들어가고 나서는 이야기가 달라진다.

〈그림 5.1〉은 래퍼 곡선 가운데 하나다. 래퍼가 썼던 냅킨 자체는 남아 있지 않지만, 일정한 지점 이상으로 세율을 인상하면 세수가 오히려 감소한다는 것을 보여주는 곡선을 모두 래퍼 곡선이라 부른다. 이 그림에서 최적 세율(조세 수입이 가장 높은 세율)이 가능한 지점은 50%로 나타나지만, 최적 세율이 50%라는 것은 순전히 자의적인 계산이다. 실제로는

100%에 근접해야 조세 수입이 가장 많이 증가한다. 레이건 대통령의 감세 정책을 정당화하는 도구로 사용된 것이 이 래퍼 곡선이었다.

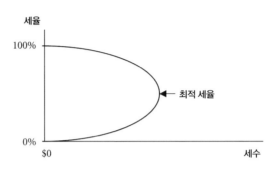

■〈그림 5.1〉: 래퍼 곡선

　래퍼는 왜 세율이 올라가면 세수가 '감소'한다고 했을까? 세율이 높으면 부자가 자신의 노동 시간을 줄일 테고, 노동 시간이 줄어들면 소득이 감소해 세금도 덜 내기 때문이다. 가난한 노동자는 세금이 인상되면 기본 생활을 유지하기 위해 '더 열심히' 일을 해야 하니까 이 주장은 가난한 노동자에게는 적용되지 않는다. 래퍼의 관점에서 보면 세율을 더 낮추면 세수가 증가할 것이고, 이는 높은 세율이 파레토 효율적이지 않다는 의미다.

　래퍼 이론이 특히 교묘한 부분은 세율과 정부 지출은 비례한다는 일반인들의 인식을 뒤집은 것이다. 래퍼는 정부가 세율을 낮추면 세수가 더 많이 늘어난다고 주장함으로써 세금 인상에 반대하는 것이 곧 국가를 이롭게 하는 행위로 보이게끔 만들었다.

소득세 최고 세율이 줄어들면 세수가 정말로 늘어날까? 이는 경험으로 확인할 수 있는 문제이고 이제 그 증거를 살필 것이다. 하지만 굳이 그 증거를 보지 않더라도, 레이건 재임 시절에 세율을 대폭 인하해서 세수가 늘었다고 믿는 사람은 아무도 없다.

1981년부터 1988년까지 소득세 최고 세율은 50%에서 28%까지 줄었다.[2] 가령 주당 60시간 근무를 하는 부자가 있는데, 이 사람이 주당 40시간을 일하면 최고 한계세율 구간에 해당하는 과세 소득 100만 달러를 번다고 하자.[3] 최고 한계세율이 50%인 경우, 정부는 100만 달러에 대해 50만 달러의 세금을 징수할 수 있다. 한편 28%의 세율로 정부가 똑같이 50만 달러를 징수하려면 이 부자는 180만 달러를 벌어야 하니까 주당 31시간을 '추가로' 일해야 한다는 계산이 나온다. 따라서 래퍼 곡선으로 1980년대 감세 정책을 정당화한 것은 교묘한 술책이었다.

앞서 등장했던 펠드스타인은 1982년에 레이건 대통령의 경제자문위원장으로 발탁되어 레이건 행정부의 감세 정책이 효과적으로 시행되는지 진단하는 책임을 맡았다. 하지만 그는 1986년 한 논문에서 자신은 래퍼 곡선을 믿은 적이 없다고 고백했다.

공급 중시 경제학의 과장법이 절정을 이룬 부분이 바로 래퍼 곡선으로, 소득세율을 인하하면 노동 공급이 많이 증가해 조세 수입이 실제로 늘어나

리라는 주장이다.[4]

하지만 래퍼 곡선의 오류는 철저하게 기밀에 붙여졌다. 1981년 레이건 대통령은 정부 지출을 줄이고 조세를 삭감하는 정책을 도입해 경기를 부양하고 경제성장률 5%를 달성하겠다고 약속했다.[5] 펠드스타인은 경제자문위원장을 맡기 전이나 그 자리에서 물러난 이후에도 감세 정책에 이의를 제기하지 않았다.

감세 정책 이후 나온 통계 자료를 보면 펠드스타인은 경제자문위원장으로서 레이건 행정부의 감세 정책과 발맞추는 동안 이미 실태를 파악하고 있었음을 알 수 있다. 경기 회복의 조건으로 내세웠던 레이건 대통령의 주장은 모두 사실이 아니었다. 감세 정책 이후 부유층의 노동력 증가는 미미한 수준에 불과했다.[6] 〈표 5.2〉에서 보듯 소득세 최고 세율이 70~91%에 달했던 1948년부터 1979년까지 조세 수입은 2% 비율로 견실하게 증가한 반면, 이후 10년 동안은 0%대로 줄었다. 경제 역시 세율이 낮았던 시기보다 세율이 높았던 시기에 더 빠르게 성장했다.[7] 1990년대에 세금을 다소 인상했는데 당연히 세수도 증가했다.

모든 경제성장률과 세수 증가율은 인플레이션과 인구성장률을 고려해 조정한 1인당 연평균 성장률로 표시함		
회계연도	GDP 성장률	소득세 세수 증가율
1948~1979	2.4%	1.8%

1979~1990	2.0%	0.2%
1990~2000	2.0%	4.2%
2000~2015	2.0%	0.1%

출처:리처드 코건(Richard Kogan), "간단한 이야기: 감세하면 세수는 줄어든다(The Simple Story: Tax Cuts Lose Revenues)", Center for Budget and Policy Priorities, 2004. http://www.cbpp.org/1-25-05bud2.htm

■〈표 5.2〉해당 기간의 경제성장률과 세수 증가율

래퍼 곡선 때문에
대가를 치른 이들은 누구인가?

1980년대에 세수 증가율이 GDP(국내총생산) 성장률보다 더디게 증가하면서 연방 정부는 지출을 줄이기 시작했다. 펠드스타인의 조치에 따라 시작한 첫 단계는 파레토 효율적이지 않은 정책부터 폐지하는 것이었다. 아이들의 무상급식 제도가 폐지되었고,[8] 공공 주택 재고량과 주택 보조금이 대폭 삭감되었으며,[9] 연방 정부의 교육지원 규모는 12%에서 6%로 줄어들었다. 부족한 부분은 각 주와 지방 정부에서 부담하도록 했다.[10] 정작 장애 수당은 파레토 효율적인데도 이 같은 사회보장 혜택마저 없었다.[11]

사회보장 혜택과 메디케어(Medicare, 미국 정부에서 장애인과 65세 이상 노인에게 제공하는 의료보험제도-옮긴이) 예산이 줄어든 것 외에 연방 정부의 일반 예산도 20%, 다시 말해 GNP(국민총생산)의 9.3%에서 7.4%로 줄었다. 레

이건 대통령이 입버릇처럼 말했듯이 "정부가 해결책이 아니라 정부 자체가 문제"였기 때문이다.[12]

게다가 연방 정부의 세수가 GDP 성장에 한참 못 미치면서 연방 정부가 해야 할 일을 주 정부에 떠넘겼고, 자체적으로 세금을 인상하기 꺼렸던 주 정부는 공공 서비스를 축소하고 정부 차원에서 집행해야 할 정책을 아예 폐지해버렸다.

가장 크게 타격을 입은 계층은 최하위 계층이었다. 새로운 복지 정책을 펴면서 상당수 복지 정책의 책임이 지방 정부로 전가되었다. 예를 들어, 뉴욕 시에서는 2001년부터 2006년까지 공공 지원을 받는 대상이 10만 3,000명이나 줄었고, 빈곤층은 6만 명(성인 5만 2,000명, 아동 8,000명)이 늘어났다.[13] 각 주 정부에서는 복지 보조금을 다른 정책에 투입했다. 자신들의 살림을 꾸려나가기 위해 가난한 사람 몫의 예산을 훔친 것이다.[14]

연방 정부의 감세 정책으로 대가를 치른 이들은 최하위 계층만이 아니었다. 뉴욕 시립대학교의 4년제 단과대학 등록금이 연이어 인상되었다. 1992년에 37%, 1993년에 32%, 1996년에는 31%, 2004년에는 25%가 올랐다. 12년간 총 96%가 오른 것이다.[15] 1981년부터 2005년까지 전국 주립대학의 등록금은 472%가 올랐고,[16] 사립대학 등록금은 419%가 올랐다.[17] 중산층의 소득은 같은 기간에 132% 올랐지만, 이는 등록금 상승률의 3분의 1에도 미치지 못하는 수준이다.

연방 정부에서 주 정부로, 주 정부는 또 지방 정부로 책임을 계속 전가했고, 더 이상 떠넘길 곳이 없는 자치단체는 책임을 결국 민간에 떠넘겼다. 전국적으로 시 정부는 재정 부담을 덜고자 경제 활성화 지구(Business Improvement Districts, 지역 경제 활성화를 목적으로 해당 지역의 이해관계자들이 조직을 결성하고 재원을 마련해 해당 지역을 관리, 운영하는 제도-옮긴이)라는 형태로 상당수 공공 서비스를 제공하고 있다. 이 제도는 경제 활성화 지구의 부담금을 낼 수 있는 동네의 입맛에 맞게 운영되기 마련이라 부자가 낸 돈이 가난한 동네에 지원되는 경우는 없다. 잘 사는 동네일수록 거리는 더 깨끗하고 안전하다.

경제 활성화 지구로 지정된 부자 동네에는 시에서 제공하던 보기 흉한 쓰레기통이 거리에서 사라졌고, 멋진 조명시설이 들어왔으며, 별도로 고용한 친절한 경관들이 거리를 순찰했다. 아니나 다를까 최근 한 연구 결과에 의하면 로스앤젤레스 지역에서 경제 활성화 지구로 지정된 동네의 범죄율이 다른 동네보다 낮았다.[18]

뉴욕 시에서는 이제 공원도 민간에서 운영한다. 부자 동네는 '자기네' 공원 관리에 필요한 돈을 자기들이 부담한다. 뉴욕의 구급차 시스템도 마찬가지다. 과거에는 공공 서비스로만 운영되었지만, 지금은 민간 병원에서 더 향상된 구급차 시스템을 운영한다. 그 결과 부자 동네에서는 어딜 가나 구급차 이용이 편해졌다. 사고가 나면 일단 가까운 병원으로 후송하는 게 아니라, 보험 가입자나 돈 되는 환자는 민간 병원으로 후송하고 미가입자나 병원비 지불 능력이 없는 환자는 공공 병원으로 후송한다. 가난한 동네에서는 공공 서비스로 운영하는 구급차와 돈 되는 환자가 모두 빠져나간 공공 병원에 기댈 수밖에 없다.[19]

세금을 인상해서 임원 특혜를 받았다고?

레이건 정부의 감세 정책은 30여 년이 넘도록 미국 사회 곳곳에서 그 영향력을 발휘하고 있다. 최근 미국 경제가 침체에서 벗어나는 조짐을 보이자 오바마 대통령이 이 문제를 뿌리 뽑겠다고 나섰다. 하지만 소득 재분배를 반대하는 세력은 이런 순간을 대비해 세금 인상을 저지하는 새로운 무기를 오래전부터 준비하고 있었다.

펠드스타인은 감세 정책이 부자의 근로 의욕을 촉진하지 못했다는 증거가 속속 드러나자 세금 인상이 우리 경제에 해악을 미치는 또 다른 이유를 들고 나왔다. 레이건 정부 이전에는 소득세 최고 세율이 높아서 경영진들이 임금 대신 여러 가지 '특혜' 형태로 납세를 회피했다는 것이다.[20] 주주 입장에서는 임원이라는 특혜로 대단히 값비싼 비용을 치르는 셈이었다. 회사 전용기며 최고급 식당 이용권, 특급 의료 서비스, 유명 디자이너가 제작한 욕실 커튼, 최고경영자의 아내에게 열어주는 호화 생일 파티 등이 여기에 포함된다.

이 특혜는 경영진이 진짜로 원하는 것이 아니므로 경제학자가 보기에 파레토 효율적이지 않다. 경제학자의 주장에 따르면 최고경영자는 이런 특혜보다는 금액이 훨씬 적어도 현금을 받는 쪽을 선호한다는 것이다. 그러면서 소득세 최고 세율이 낮아진 뒤로는 최고경영자가 세금 때문에 고액 연봉을 꺼리는 일이 없고, 경영진이 임금 대신 다른 특혜를 받는 일도 줄었다고 강조했다.

그렇다면 펠드스타인은 레이건 정부 이전과 이후의 자료를 제시하고 이를 비교해 감세 정책으로 기업 경영진이 받는 특혜 규모가 감소했다는 사실을 입증했을까? 그렇지 않다. 기업 경영진이 받는 특혜 규모가 줄었음을 보여주는 증거라고 그가 내민 것은 감세 후 미국 내 소득 불평등이 증가했다는 사실뿐이다. 펠드스타인의 논리가 타당성을 얻으려면 경영진이 임금을 인상하기 위해 특혜를 줄이는 방법 외에 다른 길이 없어야 한다. 하지만 실제로 경영진은 임금도 올리고 더불어 특혜도 누릴 수 있다.

2005년까지 기업은 임원 특혜를 사업경비로 처리해 손쉽게 특혜 비용을 감출 수 있었다. 하지만 증권거래위원회(SEC)가 회계감독을 강화하고 보고서 기준을 변경하면서 그 실태가 드러났다. 이에 〈비즈니스 위크〉는 "경영진이 누리는 특혜: 그 추잡한 얼굴"이라는 제목의 기사에서 그 내용을 폭로했다.[21] 대개는 그럴 거로 의심했던 내용이 사실로 드러난 것뿐이라 크게 놀랄 것도 없었다. 소득세는 줄어들고 연봉이 더 늘었는데도,

기업 임원은 사적인 용도로 회사 전용기를 이용하는 것부터 퇴직한 뒤에
도 컨트리클럽 회원권을 유지하는 등 온갖 특혜를 누렸다.

펠드스타인의 주장대로라면 회사 전용기를 소유한 기업의 수가 감소
해야 마땅하지만, 1991년부터 2002년까지 실제로는 55군데나 늘었다.[22]
2007년 〈뉴욕 타임스〉는 오리건 주에 있는 한 골프장을 방문하는 회사
전용기의 수가 연간 5,000대에 이른다고 보도했다. 오리건 주에는 이 골
프장 방문객이 거의 독점적으로 이용하는 공항이 하나 있으며, 이 공항
은 납세자와 일반 비행 승객이 낸 돈으로 운영되고 있다.[23]

소득 불평등이 증가했다는 점에서는 펠드스타인도 정확히 말한 부분
이 있다. 1990년부터 2004년까지 기업 경영진과 일반 노동자의 '임금 비
율'이 107배에서 431배로 4배나 증가했다(〈그림 5.3〉 참조). 우리가 펠드스
타인의 주장을 인정하고 백번 양보해서 경영진의 특혜 관행이 깨끗하게
사라져 임금이 올랐다고 해도, 그것만으로는 이처럼 엄청난 격차를 설명
할 수 없다.

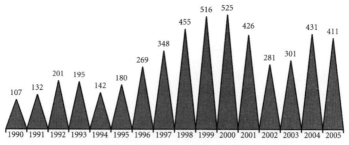

■〈그림 5.3〉기업 경영진 평균임금 대 생산직 노동자 평균임금의 비율
(1990~2005)

출처:사라 앤더슨(Sarah Anderson)과 존 카바나(John Cavanagh), 정책연구소(Institute for Policy Studies), 스콧 클링거(Scott Klinger)와 리즈 스탠튼(Liz Stanton), 공정경제연합(United for a Fair Economy), "1990~2005 경영진의 과도한 보수 실태(Executive Excess 1990~2005)"

불평등 자체가
파이의 크기를 줄인다

사회 불평등을 말할 때는 파이 조각을 어떻게 나누는지도 따져야 하지만, 그것이 파이 자체의 크기를 결정짓는 힘이라는 사실도 따져야 한다. 다음 두 장에 걸쳐 우리는 불평등 자체가 파이의 크기를 줄인다는 사실을 살필 것이다.

6장에서는 민간 시장에서 공급되는 재화를 다룬다. 록스타가 공공장소에서 수많은 대중을 상대로 공연하는 것보다 개인 파티에서 소규모 청중을 앞에 두고 공연할 때 더 이득을 보는 이유, 건설사가 보통 크기의 아파트를 대량으로 짓는 대신 소수의 크고 화려한 주택을 건설할 때

5장 경영자가 일반 노동자보다 임금을 431배 더 받는 이유는?

더 이득을 보는 이유, 항공사가 모든 승객에게 적당히 다리를 뻗을 공간을 제공하기보다 소수의 승객에게 편안히 누워 쉴 수 있는 침대를 제공할 때 더 이득을 보는 이유, 의사가 간호사의 손에서 끝났을 법한 간단한 진료를 하며 수많은 환자를 보는 대신 꾸준히 진료받아야 하는 소수의 환자를 오래 진료할 때 더 이득을 보는 이유, 설령 수백만 명이 목숨을 잃더라도 제약회사가 희귀 필수 의약품의 공급량을 적게 유지할 때 더 이득을 보는 이유, 이 모든 이유가 소득 불평등에 기인한다는 사실을 살펴보자.

7장에서는 우리 삶의 질을 결정짓는 교육 서비스를 중심으로 정부가 제공하는 재화와 서비스에 대해 살펴보려 한다. 소득 불평등 때문에 전반적으로 공교육 수준이 떨어지고 있으며, 학군에 따라 공교육 지원금 격차가 심해지는 문제를 다룰 것이다.

사회 불평등이 모든 것의 파이 크기를 줄여가고 있다. 하지만 경제학자는 파이의 크기를 가격으로만 따질 뿐 그 안에 구성물이 얼마나 알찬지는 따지지 않는다. 그래서 경제학자는 대다수가 경기가 후퇴한다고 느끼는 상황에서도 경제가 성장하고 있다고 평가하는 것이다.

6장

220인승 비행기를
48인승으로 개조한 까닭은?

독점

　우리는 독점이 소비자에게 해롭다고 배웠다. 보드 게임 모노폴리를 판매했던 미국의 유명 회사 파커 브라더스 사례에서 알 수 있듯이, 시장을 많이 잠식한 기업이 가장 많은 돈을 가져간다. 독점 자체가 나쁜 것은 아니다. 소비자가 전부 한 제품만 이용하는 시장에서 한 공급자가 가장 싸게 제품을 공급할 때, 혹은 한 공급자가 제일 품질 좋은 제품을 생산하고 소비자가 그 제품을 다른 제품보다 선호할 때 독점기업이 생겨나곤 한다. 그럼에도 독점기업은 반사회적이다. 독점기업이 되면 가격을 너무 높게 설정하므로 가난한 소비자일수록 시장에서 배제당하기 쉽다.

　독점기업은 어느 분야에나 있기 때문에 이 문제를 간과할 수 없다. 더군다나 독점기업이 가격을 높이면 빈곤층은 물론 중산층도 시장에서 배제된다. 하지만 독점기업에서 설정하는 가격을 규제하는 것은 효과적인 해결책이 아니다. 다른 이유 때문이 아니라 그런 기업이 너무 많기 때문이다. 독점기업이 가격을 높게 설정할 수 있는 것은 그들이 독점력을 확보한 이유도 있지만(독점력 자체를 문제 삼는 것은 아니다), 불평등한 사회에서 과도한 부를 누리는 소비자가 있기 때문이다. 쉽지 않겠지만 소득 불평등을 줄이는 것이야말로 독점 문제에서 가장 효과적인 해결책이다.

독점기업의 제품은
가격이 비싸고 공급량은 너무 적다

우리가 아침 식사용으로 흔히 먹는 시리얼 시장을 예로 들어 독점기업의 행동을 분석해보자. 시리얼 한 상자의 생산비용이 1달러라고 할 때, 시리얼 제조사는 보통 생산비용의 절반 가격을 붙여 판매가를 정한다고 하자. 이 경우에는 중간 이윤을 50센트로 책정한다. 소비자의 유보가격은 〈표 6.1〉과 같고, 한 사람당 시리얼 한 상자만 필요하다. 이 유보가격을 고려해볼 때 시리얼 한 상자의 가격은 얼마에 결정되고, 시리얼은 총 몇 개가 팔릴까?

소비자	A	B	C	D	E	F	G	H	I
유보가격	$5.00	$4.50	$4.00	$3.50	$3.00	$2.50	$2.00	$1.50	$1.00

■〈표 6.1〉 시리얼에 대한 유보가격

먼저 경쟁시장의 경우를 살펴보자. 생산원가에 적정한 중간 이윤을 붙여 가능한 한 재화를 많이 공급하고 싶은 다른 판매자가 언제라도 시장에 진입할 수 있을 때, 그 재화의 시장은 경쟁시장이다. 그렇다면 이 사례에서 시장가격은 제품 한 개에 1.50달러에 형성될 것이고, 사도 그만이고 안 사도 그만인 소비자 H의 결정에 따라 시리얼은 7~8개가 팔린다.

이번에는 판매자가 한 사람뿐이라고 해보자. 그렇다면 이 독점기업은 가격을 어떻게 설정하고 몇 개를 판매할까? 〈표 6.2〉는 이 독점기업의 매출액 분석표다. 제품 한 개에 5달러로 가격을 책정하는 경우에는 소비자 A에게만 제품을 팔 수 있고 이때 이윤은 3.50달러이다. 다른 판매자와 마찬가지로 이 독점기업도 제품 한 개에 기대하는 최소 이윤이 있으므로 총비용에는 중간 이윤이 포함된다.

제품 한 개에 4.50달러로 가격을 책정하면 B 소비자까지 두 상자를 팔 수 있을 것이고, 이윤은 6달러가 될 것이다. 표를 보면 이윤이 가장 많을 때는 개당 3.50달러를 책정할 때인데, 독점기업은 D 소비자까지 4개만 공급하게 된다. 즉 경쟁시장에서의 균형가격과 비교해 독점기업은 판매가를 더 높게 책정하고 공급량은 더 적다.

소비자	A	B	C	D	E	F	G	H	I
유보가격	$5.00	$4.50	$4.00	$3.50	$3.00	$2.50	$2.00	$1.50	$1.00
매출	$5.00	$9.00	$12.00	$14.00	$15.00	$15.00	$14.00	$12.00	$9.00
총비용 (중간 이윤 포함)	$1.50	$3.00	$4.50	$6.00	$7.50	$9.00	$10.50	$12.00	$13.50
이윤	$3.50	$6.00	$7.50	$8.00	$7.50	$6.00	$3.50	$0.00	-$4.50

■〈표 6.2〉 시리얼 독점시장

하지만 독점기업이 시리얼을 이렇게 판매하는 것은 파레토 효율적이지 않다. 다른 소비자나 판매자가 손해를 보지 않으면서 소비자 한 명 이상이 더 이득을 보는 분배 방식이 존재하기 때문이다. A~D 소비자는 제품 한 개에 3달러 50센트를 지불하고, E~H 소비자는 1달러 50센트만 지불하면 파레토 효율을 달성한다. 이때 아무도 손해를 보지 않지만 E~G 소비자는 이득을 본다.

역설적이게도 독점기업의 독점력이 강력해질수록 파레토 비효율성이 제거된다. 독점기업이 시장의 수요는 물론 각 개인이 책정하고 있는 유보가격을 안다고 해보자. 그러면 이 기업은 각 사람의 유보가격에 맞춰 가격을 부과할 것이다. A 소비자에게는 제품 한 개에 5달러를 매기고, B 소비자에게는 4.5달러를 매기면서 소비자마다 가격을 다르게 책정한다. 이러면 독점기업의 이윤은 8달러가 아닌 14달러로 두 배 가까이 늘어날 것이고, 소비자 8명에게 제품을 팔 수 있으므로 파레토 효율적인 분배가 가능하다.

독점기업은 각 소비자에게 다른 가격을 부과할 수도 있는데 이를 '가격 차별'이라고 한다. 가격 차별이 가능한 독점기업은 경쟁시장에서 소비자가 누렸을 소비자잉여 전액을 이윤으로 챙길 수 있다. 게다가 파레토 효율성을 척도로 정부가 정책을 채택하면, '가격 차별 독점기업'을 대상으로 그 어떤 규제도 취할 리가 없다. 반면 공리주의자라면 소비자잉여를 착취하는 기업의 힘이 커진 만큼 규제 완화보다는 규제 강화가 필요하다고 판단한다. 독점기업의 규제 문제를 좀 더 살펴보자.

이 시리얼 제조사는 어떻게 독점기업의 지위를 획득했을까? 해당 시장을 독차지했기 때문인데, 실제로 이렇게 시장을 독점하는 경우는 흔치 않다. 세계에서 가장 큰 독점기업인 마이크로소프트를 예로 들어보자.

마이크로소프트는 경쟁업체를 사들여서 시장을 독점한 게 아니다. 마이크로소프트를 상대로 한 반독점 소송에서 미국 법무부는 마이크로소프트가 윈도 운영 체제에서 넷스케이프보다 자사의 익스플로러를 더 쉽게 사용할 수 있는 여건을 만들어 웹 브라우저 시장에서 지배적 위치를 차지했다고 증명했다. 하지만 법원은 마이크로소프트가 독점적 지위를 남용하지 않았다 해도 지배적인 웹 브라우저가 출현했을 것이라는 점도 분명히 했다.

마이크로소프트는 반경쟁적인 불법 행위를 동원해 어느 브라우저가 시장에서 지배적인 위치를 유지할 수 있을지 그 조건을 조성했다. 이러면 소비자 입장에서는 독점기업이 존재하는 게 '이득'이다. 모든 컴퓨터에 같은 브라우저가 설치되기 때문이다. 지금은 사정이 달라졌지만, 이런 이점 때문에 마이크로소프트가 반독점법 위반 혐의로 유죄를 받은 지 8년이 지난 후에도 인터넷 익스플로러가 시장점유율 70%를 유지할 수 있었다.[1]

여러 기업이 생산할 때보다 한 기업이 제품을 생산해야 생산비용이 낮은 경우에도 독점기업이 출현한다. 의약품을 예로 들어보자. 새로운 약제의 효험과 안전성을 검증하는 데는 비용이 많이 든다. 따라서 특정 질병에 대한 의약품이 이미 존재하는 경우, 값비싼 검증 과정을 거쳐 같은 질병을 치료하는 신약을 개발하려고 선뜻 나서기가 쉽지 않다. 두 판매자는 한정된 수요를 나눠 가져야 하고, 검증 과정에 투자한 비용까지

경제학은 어떻게 내 삶을 움직이는가

보상받으려면 시장을 단독으로 장악했을 때보다 판매가를 높게 책정해야 한다. 이러면 두 판매자는 시장에서 어느 한쪽만 살아남을 때까지 가격 전쟁을 벌일 수도 있다.

그 어떤 제품보다 더 좋다고 사람들이 굳게 믿는 제품을 생산하는 경우에도 독점기업이 출현한다. 세계에서 가장 잘 팔리는 콜레스테롤 저하제 리피토(Lipitor)는 연간 매출액이 110억 달러인데 이는 경쟁 제품이 없어서가 아니다.[2] 화이자 제약이 수백만 달러를 들여 연일 광고를 퍼부은 덕에 소비자는 다른 어떤 약보다 리피토의 효과가 더 좋다고 믿게 되었다.

독점기업에 일부 소비자를 배제할 만큼 가격을 높게 책정할 '힘'이 있는 이유는 물론 경쟁 업체가 없기 때문이다. 하지만 그렇게 높은 가격에 "욕심부릴 수 있는" 이유는 따로 있다. 독점기업은 소득 분배가 불평등할 때라야 일부 소비자를 배제할 정도로 가격을 높게 책정할 수 있고, 불평등 정도가 심할수록 독점기업이 배제하고 싶은 소비자의 수도 많아진다. 시리얼의 사례를 이용해서 이 점을 설명해보자. 〈표 6.3〉의 소비자 유보가격은 그 차이가 〈표 6.2〉보다 작고, 가장 가난한 소비자도 〈표 6.2〉의 소비자보다 형편이 좋다. 〈표 6.2〉의 유보가격대는 1.50달러부터 5.00달러인데 비해 〈표 6.3〉에서는 2달러부터 2.80달러다. 〈표 6.3〉의 시장에서 독점기업은 4개가 아닌 7개까지 제품을 판매할 것이고, 제품 가격은 개당 3.50달러가 아니라 2.20달러로 책정할 것이다.

소비자	A	B	C	D	E	F	G	H	I
유보가격	$2.80	$2.70	$2.60	$2.50	$2.40	$2.30	$2.20	$2.10	$2.00
매출	$2.80	$5.40	$7.80	$10.00	$12.00	$13.80	$15.40	$16.80	$18.00
총비용 (중간 이윤 포함)	$1.50	$3.00	$4.50	$6.00	$7.50	$9.00	$10.50	$12.00	$13.50
이익	$1.30	$2.40	$3.30	$4.00	$4.50	$4.80	$4.90	$4.80	$4.50

■ 〈표 6.3〉 불평등 격차가 심하지 않은 소비자의 시리얼 시장

부자와 가난한 사람 간의 소득 격차가 작으면, 독점기업이 부유층에게만 제품을 판매해서 얻을 수 있는 이익이 크지 않다. 하지만 소득 격차가 크면 가난한 사람이 지불할 수 있는 가격이 부자와 비교해서 훨씬 낮을 테고, 독점기업 입장에서는 가난한 사람을 무시해버리는 쪽이 더 이득이다. 여기서 가난하다는 것이 무엇을 뜻하는지는 불평등 정도가 얼마나 심한가에 달렸다. 부자가 엄청난 부를 누리는 경우, 독점기업은 빈곤층뿐 아니라 중산층도 배제하고 부자에게만 제품을 판매할 수도 있다.

미국 내 불평등은 지난 25년간 급격하게 증가했다. 1979년에 소득 상위 5% 계층의 평균 소득은 소득 하위 20% 계층의 평균 소득보다 11배 많았으며, 2000년에 들어 이 소득 격차는 19대 1로 벌어졌다.[3] 소득 불평등과 독점기업이 사이좋게 손을 맞잡은 결과를 우리는 매일 주변에서 목도하고 있다.

오락 산업을 예로 들어보자. 요즘 중산층은 라이브 공연을 즐길 기회가 예전보다 줄어들었지만 그 정도에 만족해야 한다. 록스타가 공연 횟수를 줄이는 대신 입장료를 더 올려서 예전보다 더 많이 돈을 벌고 있

기 때문이다. 경제학자 앨런 크루거(Alan Kruger)가 수집한 자료에 의하면, 1992년부터 2003년까지 록스타는 공연 횟수를 약 14% 줄였지만, 입장료는 올려서 실제로 소득은 20%가 올랐다.

　록스타가 이렇게 할 수 있는 배경에는 극심해진 소득 불평등이 있다. 부자의 구매력이 향상되자 록스타는 가격을 차별화하기 시작했다. 1980년대 초에는 대형 공연장(2만 5,000석 이상)에서 치른 록 콘서트 가운데 73%가 모든 좌석에 같은 가격을 부과했다. 그래서 공연장에 일찍 가는 열성 팬은 같은 값이라도 더 좋은 자리를 차지했다. 하지만 2003년도 통계에 따르면, 입장료를 동일하게 책정한 콘서트는 26%에 불과했다. 소득 불평등이 심해지는 가운데 좋은 자리와 나쁜 자리의 가격 격차도 크게 벌어졌다. VIP석의 가격이 가장 많이 올랐다. 1996년부터 2003년까지 VIP석 가격은 10.7% 올랐고, 가장 저렴한 관람석은 6.7% 올랐다.[4] 중산층 관객은 예전보다 나쁜 자리와 줄어든 공연 수에 만족해야 했다.

　오락 산업에서 한 가지 눈여겨볼 대목은 록스타의 공연 횟수가 과연 줄어들었는지 확실치 않다는 것이다. 실제로는 소수의 부자를 상대로 더 많이 공연하고 있을지도 모른다. 정확한 금액은 공개되지 않았지만 록 밴드 롤링 스톤스(Rolling Stones)는 2005년에 개인 생일 파티 공연을 하면서 675만 ~ 1,000만 달러 정도 사례비를 받았고, 폴 매카트니(Paul McCartney)는 이보다는 훨씬 저렴하지만 100만 달러를 받았다. 롤링 스톤스 다음으로는 엘튼 존(Elton John)이 90분 공연에 150만 달러를 받았으며, 금액은 공개되지 않았지만 닐 세다카(Neil Sedaka)와 B-52s, 블루스 트래블러(Blues Traveler), 빌리 조엘(Billy Joel)도 고액을 받고 개인 파티 공연을 했다.[5]

요컨대 오락 산업은 앞서 살핀 바와는 달리, 소득 불평등과 독점력의 결합이 반드시 공급량 감소로 이어진다고 말할 수 없다. 배타적 공간을 요구하는 부자들 때문에 청중의 규모는 확실히 줄어들었지만, 공연 횟수는 이전과 별 차이가 없을지도 모른다.

크루거는 대중 공연 횟수가 줄어든 이유를 분석하면서 소득 불평등보다는 음반을 사지 않고 인터넷에서 공짜로 음악을 내려받는 소비자를 거론한다. 하지만 유명 가수들은 공연 횟수를 줄이고 입장료를 인상하는 방법으로 음반 매출 손실을 보상받고 있다. 사실 음반 매출과 공연 횟수에 결정적 영향력을 미치는 요인은 소득 분배다. 영국 가수 데이비드 보위(David Bowie)는 음반 매출이 줄어든 것을 보충하기 위해 공연을 '더 많이' 해야 한다고 생각했다. 그는 동료 가수에게 이렇게 조언한다.

"순회공연을 더 열심히 할 각오를 하세요. 가수로서 우리에게 남은 자리는 그것뿐이니까요."[6]

소득 불평등이 심화되어 공연을 더 많이 하지 않아도 입장료를 더 올려 손실을 만회할 수 있다는 사실을 보위는 아직 실감하지 못한 모양이다.

앞서 살폈듯이 에이즈 치료와 관련해서 불평등과 독점의 결합이 가져온 결과는 참담하다. 제1세계와 제3세계 나라의 환자 간에 유보가격 차이가 워낙 크다 보니 결국 제1세계 시장의 수요를 맞출 만큼만 치료제를 생산하고 있다. 수백만 명의 제3세계 에이즈 환자는 그들이 가난해서가 아니라 제1세계에 비해 '더 가난하기' 때문에 이른 나이에 목숨을 잃는다. 소득 불평등은 파이의 크기 자체를 줄이고 있다.

독점을
규제할 수 있는가?

장기적으로는 소득 평등이 곧 독점 문제의 해결책일 테지만 단기 해결책도 필요한 법이다. 독점 상황을 피할 수 없다면(경제학자는 이런 상황을 '자연독점'이라 한다), 경쟁시장이라 가정하고 적정한 시장가격을 독점기업이 부과하도록 정부가 강제하는 방안을 권장한다. 하지만 재계와 정치권은 상부상조하는 사이라서 독점기업이 부과하는 가격을 정부가 규제하지 못할 때가 많다.

예를 들어 의약품 가격은 정부만큼 공정하게 가격을 책정하는 주체를 찾아보기 힘들다. 정부산하 연구소에서 의약품을 개발하거나 정부지원을 받은 연구가 신약 개발과 임상 시험으로 이어지는 경우가 적지 않다.[7] 하지만 미국 정부는 독점 제약회사를 규제하는 대신 이들 기업이 책정한 높은 가격을 보호하기에 바쁘다.

1998년 넬슨 만델라 대통령은 남아프리카공화국 제약회사의 에이즈 치료제 복제약 생산을 허용하는 법안에 서명했다. 이는 국가 비상사태에 허용되는 강제실시권(특허권자의 허락 없이 특허를 사용할 수 있도록 함-옮긴이)으로, 세계무역기구 협정에도 명시된 권리여서 미국 정부는 이를 인정해야 했다.

하지만 미국 정부는 관계 부처를 동원해 여러 방면에서 남아프리카공화국의 법안을 맹비난했다. 로드니 프릴링하이슨(Rodney Frelinghuysen) 공화당 의원은 남아프리카공화국에 대한 경제 원조를 한시적으로 중단하는 법안을 의회에서 통과시키는 데 성공했고, 지식재산권 보호와 집행 업무를 맡은 무역대표부 조 파포비치(Joe Papovich) 부대표는 이렇게 발표했다.

"강제실시권 발동에 반대합니다. 신약에 대한 권리를 지닌 기업은 자신이 원하는 방식대로 제품을 판매할 권리도 있습니다."

무역대표부 샬린 바셰프스키(Charlene Barshefsky) 대표는 남아프리카공화국의 대미 수출품에 대한 관세 혜택을 철폐했다. 또 앨 고어 부통령은 만델라 대통령을 만난 자리에서 개인적으로 그를 압박하기도 했다.[8] 이때 제약회사 편을 들었던 고어의 행보는 2000년 대통령 선거 캠페인 당시 그를 끈질기게 따라다니며 괴롭혔다.

1999년 12월이 되어서야 클린턴 대통령은 구체적이지는 않지만 제3세계에 값싼 의약품을 지원하겠다는 내용의 성명을 발표했다. 미국의 전방위적 압력으로 남아프리카공화국은 제정했던 법을 실행에 옮기지 못했다. 하지만 에이즈 치료제의 대명사인 AZT를 생산하는 제약회사 글락소스미스클라인은 2001년에 남아프리카공화국 제약회사에 복제약 생산을 허용하기로 합의했다. 단, 남아프리카공화국 내에서만 복제약을 판매하고 매출의 30%를 로열티로 받는 조건이었다.[9]

다른 나라 에이즈 환자의 딱한 처지는 남아프리카공화국 환자처럼 대중의 관심을 끌지 못했고, 글락소 그룹은 에이즈 퇴치 운동가들이 명시적으로 요구한 사안만 수용했을 뿐이다. 정작 글락소 그룹은 미국 정부의 지원금으로 개발한 치료제를 이용해 엄청난 이익을 챙겼음에도, 미국 정부는 이 독점기업을 규제할 생각을 하지 않았다(AZT 치료제는 국립암연구소의 지원금을 받은 미시간 암연구소와 듀크 대학 연구원들이 개발했다).

조지 W. 부시 대통령도 제약회사의 독점 문제를 다루는 일에서 전임 대통령인 클린턴보다 나을 게 하나도 없었다. 2003년 부시 행정부는 메디케어 개혁안을 통과시키고 국내 수급자에게 처방 약 급여 혜택을 확대하는 조치를 포함했다. 하지만 이 개혁안에는 연방 정부가 제약회사와 약품 가격을 놓고 가격 인하 협상을 하지 못하도록 하는 조항도 포함했다. 높은 수준에서 형성된 약품 가격은 의료보험료 인상은 물론 메디케어 수급 자격이 안 되는 수많은 미국인이 치료제를 구하지 못하는 데 일조했다. 추정대로라면 메디케어에 지원하는 연방 정부의 지출은 2014년에는 1,000억 달러에 이르러 다른 공공 서비스에 투입할 예산이

거의 남지 않게 된다.[10]

독점기업에 대한 가격 규제가 실패한 분야는 의약 산업만이 아니다. 정부는 마이크로소프트 윈도 운영 체제의 가격을 규제하는 데도 실패했다. 심지어 마이크로소프트가 독점적 지위를 얻은 것은 윈도 운영 체제의 우수성 때문이 아니라, 소비자가 하나의 지배적인 표준이 필요했기 때문이다. 실제로 대다수는 매킨토시 운영 체제가 더 뛰어나다고 생각했다. 또 석유회사는 이라크 침공 이후 줄곧 천문학적인 이익을 챙겼지만, 의석수를 따졌을 때 입안이 가능했던 2006년에도 미국 의회는 석유회사가 챙긴 독점 이윤에 세금을 매기지 못했다.

2004년 미국 대통령 후보인 데니스 쿠치니치(Dennis Kucinich)는 제약회사뿐 아니라 다른 독점기업의 문제도 해결할 수 있는 방책을 하나 제안했다. 쿠치니치는 정부가 직접 치료제 개발에 뛰어들어야 하고, 더 나아가 이를 통해 민간 제약회사가 필요 없게끔 해야 한다고 주장했다. 정부가 모든 의학적 발견과 신약의 권리를 공유 재산으로 관리해 독점기업의 출현을 방지하자는 것이다. 그렇다고 민간 제약회사가 자체적으로 신약을 개발하고 특허를 등록하는 것까지 금지하는 것은 아니다. 물론 특허 기간은 예전보다 줄어들겠지만 말이다. 이렇게 되면 민간 기업이 자비를 베풀기만을 목 빼고 기다릴 필요도 없고, 이윤을 극대화하기보다는 최대한 많은 사람이 혜택을 누리는 방향으로 가격 정책을 규제할 수 있게 된다.

같은 맥락에서 소프트웨어 원시코드를 공개하는 조건으로 각 대학의 컴퓨터 소프트웨어 개발을 정부가 재정적으로 지원하는 방법도 있다. 정부가 직접 석유를 수입해서 판매할 수도 있는데, 핀란드 정부는 이미 이 같은 정책을 시행하고 있다. 한 산업이 자연독점 성격을 띠고 대중의 복지에 결정적 영향력을 끼칠 때 대중에게 가장 안전한 보호 장치는 바로 대중이 독점기업을 운영하는 것이다.

어딜 가나
제로섬 게임이 진행 중이다

자원이란 유한하므로 부자가 많이 가져갈수록 나머지 사람에게 돌아갈 몫이 줄어든다. 하지만 재화의 종류에 따라 부자와 빈민의 소비 사이에 형성되는 상쇄관계가 미미한 경우도 있다. 가령 부자가 구두를 많이 사간다고 해서 빈민에게 돌아갈 구두가 꼭 줄어드는 것은 아니다. 구두 공급량이 늘어날 수도 있다. 이 때문에 다른 재화의 생산량이 줄어들지도 모르나, 부자가 소비하는 구두와 빈민이 소비하는 구두 사이에는 상쇄관계가 뚜렷하지 않다.

하지만 공급량이 유한한 재화는 상쇄관계가 두드러진다. 부자가 그 재화를 많이 가져가면, 다른 사람에게 돌아갈 재화가 줄어든다. 미국 중산층은 비행기를 타거나 아파트를 살 때 이 같은 상쇄관계를 실감한다. 심

115

지어 의사에게 진료받을 때도 상쇄관계를 경험하기 시작했다.

비행기

요즘 일반석 좌석은 승객이 다리를 뻗을 공간이 부쩍 협소해졌는데, 이는 비즈니스 좌석과 일등석 좌석이 침대형으로 바뀌었기 때문이다. 싱가포르 항공은 신형 점보제트기인 에어버스 A380기에 의자를 젖히는 형태가 아니라 아예 단독 침대를 제공하고 있으며, 그 결과 승객을 471명밖에 수용하지 못한다. 참고로 프랑스의 에어 오스트랄 항공사는 같은 제트기에 840명을 수용한다.[11] EOS 항공은 2008년 파산했는데, 본래 220인승으로 제작된 비행기를 48명만 수용하도록 변경했다. 중산층 승객까지 배제한 셈이다.

비행기의 공급이 무한하다면 부자가 하늘에서 어떤 호사를 누리든 다른 승객에게는 아무 영향도 미치지 않을 것이다. 하지만 공항은 하루에 수용할 수 있는 비행기가 한정되어 있다. 그러니 각 비행기가 실어 나르는 탑승객 수가 적어질수록 비행기를 이용하는 승객 수도 줄어든다.

2008년의 EOS 항공이나 오늘날 싱가포르 항공을 능가하는 최악의 비행기는 따로 있다. 회사 전용기는 이보다 훨씬 더 적은 수의 탑승객을 실어 나르면서도 다른 항공사보다 더 많은 시간을 공항에서 소비한다. 소형 비행기는 앞서 다른 비행기가 이륙하고 나면 다른 비행기보다 좀 더 오래 대기해야 한다. 대형 제트기가 지나가고 나면 형성되는 후류가 소형 제트기에 무척 위험하기 때문이다.

주택시장

뉴욕에 거주하는 중산층은 맨해튼에서 아파트를 구할 때 자신이 얼마나 가난한지 실감한다. 1995년부터 2004년까지 소비자 물가지수는 24% 증가했지만, 같은 기간 아파트 평균 가격은 제곱피트당 324달러에서 767달러로 무려 137%가 증가했다. 여기서 중산층이 겪는 문제는 부유층이 예전보다 아파트 구매에 더 많은 돈을 쓴다는 것뿐 아니라, 더 큰 아파트를 사들인다는 것이다. 요컨대 문제는 부자들 때문에 중산층이 구할 수 있는 아파트 공급이 줄어들고 있다는 사실이다. 앞서 살폈던 주택 임대시장 사례를 들어 이를 설명할 수 있다.

이번에는 A 가구와 B 가구가 돈이 더 많아져서, 전과 같은 크기의 아파트에 대한 유보가격이 각각 1만 2,000달러와 1만 500달러가 되었다고 가정하자. 아파트 공급량이 총 여섯 채일 때 월세는 전과 마찬가지로 1,500달러에서 2,250달러 선에서 형성될 것이고, 마찬가지로 아파트를 얻지 못하는 가구는 G 가구뿐이다.

그렇다면 종전보다 두 배 큰 아파트에 대한 A 가구와 B 가구의 유보가격이 이와 같다고 해보자. 시장에 소비자 2명이 추가로 등장한 것이다. 〈표 6.4〉에서 보듯 임대료는 3,000달러에서 3,750달러 선으로 오르게 된다. 게다가 G 가구는 물론 E 가구와 F 가구도 아파트를 얻지 못한다.

가구	A		B		C	D	E	F	G
유보가격	$6,000	$6,000	$5,250	$5,250	$4,500	$3,750	$3,000	$2,250	$1,500

■〈표 6.4〉 부자가 더 부자가 되었을 때

〈뉴욕 타임스〉 보도에 따르면, 부자가 더 큰 아파트를 원하는 이유는 딱히 더 넓은 공간이 필요해서가 아니라 남들이 큰 집에서 살기 때문이다. 기사는 이 같은 상황을 "큰 집 쟁탈전"이라고 불렀다.[12] 몇몇 사례만 봐도 이 점이 잘 드러난다. 영국 출신 자본가인 데이비드 마티네즈(David Martinez)는 주상복합 건물인 타임워너센터의 76층 전부와 77층 일부를 구입하고, 두 층을 하나로 합쳐 천장이 아주 높은 아파트 한 채로 만들었다.[13]

첼시에 거주하는 캘빈 클라인(Calvin Klein)은 허드슨 강이 내려다보이는 한 빌딩의 3개 층을 하나로 터서 살고 있고, 같은 건물에 사는 마사 스튜어트(Martha Stewart)는 두 채를 하나로 터서 살고 있다.[14] 최근에는 주택 안에 수영장을 짓는 것이 대유행이다. 뉴욕 245 E. 58번가에 위치한 아파트는 3층에 체육관 시설과 수영장을 완비하고 있음에도 같은 건물 펜트하우스에 사는 거주자는 자기 집에 5m×7m 크기의 수영장을 지었다.

2003년 〈텍사스 전기톱 연쇄살인사건(The Texas Chainsaw Massacre)〉을 감독한 마커스 니스펠(Marcus Nispel)은 자신의 5층짜리 타운하우스 내부에 수영장을 지었다. 그는 〈뉴욕 타임스〉의 데이비드 첸(David Chen)과의 인터뷰에서 "뉴욕에서 공간이란 매우 신성한 의미가 있기 때문"이라고 그 이유를 밝혔다. 또 니스펠은 미를 창조하는 일을 좋아한다면서 "저는 물이 좋아요. 물과 도시가 이루는 대비는 생각만 해도 근사하죠."라고 말했다. 사업가 조너선 라이터스도르프(Jonathan Leitersdorf)는 멋진 파티를 열고 싶어 하는 사람이라면 꼭 수영장을 갖춰야 한다고 조언한다. 뉴욕 대학교 근처에 사는 라이터스도르프는 세 채 면적의 펜트하우스에 살고 있는데, 7m×3.6m×1.8m 크기의 수영장을 갖추고 있다. 일단 힐러리 클린턴은 그의 조언이 틀리지 않는다고 확신했다. 자신의 후원자를 위해 라이터스도르프가 건설한 아파트를 골라주기도 했으니 말이다.[15]

큰 집을 향한 부자들의 열망은 중산층과 빈곤층의 삶에 직접 영향을 미친다. 〈그림 6.5〉에서 보듯 1995년 이후로 대형 아파트의 제곱피트당 가격은 중소형 크기보다 훨씬 빠른 속도로 상승했다. 큰 아파트일수록 더 좋은 위치를 차지하기 마련이라 제곱피트당 가격도 더 높다. 하지만 입지 요인은 아파트 크기에 따라 처음에 형성된 가격의 차이는 설명하지만, 이후 진행되는 가격 상승률 간의 차이는 설명하지 못한다.

1995년부터 2004년까지 센트럴파크가 제공하는 전망은 하나도 바뀐 게 없었지만 소득 불평등은 심해졌다.

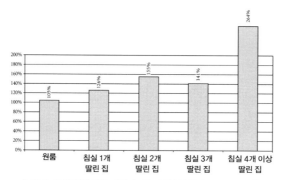

■〈그림 6.5〉맨해튼 지역 제곱피트당 가격 상승률 (1995~2004)

　집주인과 개발업자는 이 같은 가격에 경제 주체로서 '합리적으로' 대응해왔다. 〈그림 6.6〉를 보면 같은 기간에 침실이 3개 이상인 아파트 면적은 늘어난 반면, 원룸이나 침실이 1개 또는 2개인 아파트 면적은 줄어들었다.[16] 맨해튼 지역 아파트 면적을 1,200제곱피트(34평가량)로 규제했더라면, 신규 주택을 따로 건설하지 않아도 판매용 아파트 공급량은 35% 증가했을 테고, 임대용 아파트 공급량은 20% 증가했을 것이다.

경제학은 어떻게 내 삶을 움직이는가

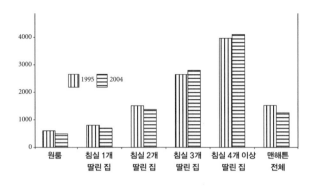

■〈그림 6.6〉 주택 평균 면적

출처: 프루덴셜 더글러스 엘리만, 맨해튼 시장 분석(Prudential Douglas Elliman Manhattan Market Report), 1995~2004

주택 면적은 예전에는 제로섬 게임의 무대가 아니었지만, 소득 불평등이 심해지면서 제로섬 게임으로 주택 면적이 부족해지는 사태가 벌어지고 있다. 또 하나 예를 들자면, 모든 환자에게 같은 수준의 진료를 제공하길 마다하는 의사가 생겨나 중산층과 빈곤층은 조만간 진료받기가 쉽지 않을 전망이다.

의료 부문의 제로섬 게임은 아직 서막에 불과하다. 진료를 받고 싶어하는 환자에게 이미 연회비를 부과하는 의사도 있다. 대신 의사들은 연회비를 내면 진료를 급하게 끝낼 일도 없고, 진료 일정을 예약하거나 대기실에 있을 때도 오래 기다릴 필요가 없다고 약속한다.

캘리포니아 주의 부자 동네 마린 카운티(Marin County)에 거주하는 의사 데이비드 오그덴(David Ogden)은 자신에게 진찰을 받고 싶은 100여 명의 환자에게 연회비 2,400달러를 부과한다. 나머지 2,000여 명에 이르는 환자는 간호사가 처리하고, 간호사가 자신의 능력 밖이라고 판단하는 경우에만 오그덴을 호출한다.[17] 뉴욕 시의 질 배런(Jill Baron) 의사는 〈뉴욕 타임스〉 편집자에게 보낸 편지에서 많은 환자를 돌보던 병원을 떠나 좀 더 적은 수의 환자를 진료하는 병원을 새로 개원했으며, 여기서는 환자의 의료보험도 받지 않는다고 했다.[18]

곧바로 약속을 잡는 것도, 의사와의 면담시간이 늘어난 것도 좋은 일이다. 하지만 이제 베이비붐 세대가 노년기에 접어들어 1인당 의사 수가 증가해도 모자랄 판에 오히려 감소하는 추세에 있다. 2000년부터 2020년까지 1인당 의사 수는 13% 감소할 것으로 추정되고, 2000년부터 2035년까지 중년층 인구는 35.5%에서 39.1%로 증가할 것으로 예상된다.[19] 부자를 위한 진료시간이 더 늘어난다는 것은 나머지 사람의 진료시간은 줄어든다는 것을 의미한다.

다른 사람들의 몫을 줄여
파이를 '더 키우는' 방법

소수의 사람이 비행기 내의 공간을 많이 차지해 결과적으로 다른 많은 이들이 비행기를 타지 못한다. 소수의 가구가 입지가 좋은 궁궐 같은 아파트에 살고 있어 결과적으로 다른 많은 이들이 이런 지역에 들어가 살 수 없게 되었다. 소수의 사람이 의사와 장시간 면담을 하므로 다른 많은 이들이 대신 간호사라도 만나는 데 만족해야 한다. 경제학자가 말하는 경제 규모 측정 방식에 의하면, 이런 변화가 생길 때가 그렇지 않을 때보다 파이가 더 커진다.

EOS 항공을 보자. 이 비즈니스 전용기를 이용하는 승객 48명은 일반 좌석으로 배치했을 때 탑승 가능한 승객 222명보다 더 많은 요금을 낸다. 이는 소수의 인원을 수송할 때 더 많은 이익을 얻는다는 뜻으로, 경제학 이론에 의하면 더 생산적이다. 요컨대 소수의 사람을 섬기는 미덕만으로도(이 사람들이 돈을 더 많이 지불하는 한) 파이 크기를 키울 수 있다는 게 경제학자의 주장이다.

경제학자가 경제 규모라는 파이를 측정할 때 소득 분배의 형평성을 고려하지 않는 까닭은 그들이 파레토 효율성을 척도로 사용하기 때문이다. EOS 항공 같은 비즈니스 전용기에 승객 222명을 수용하도록 강제하는 것은 파레토 비효율적으로 자원을 분배하는 것이다. 222인승 비행기에 48명의 부자만 태웠을 때 모든 사람이 더 이득을 볼 수 있는 '가능성'이 존재하기 때문이다. 이론상으로는 부유층 승객이 자리를 빼앗긴 중산층 승객에게 손실을 보상할 수 있고, 중산층 승객은 보상받은 돈으로 의사에게 진료를 더 자주 받을 수 있다.

EOS 항공으로 하여금 더 많은 사람을 수송하도록 강제하면 모든 사람이 손해를 볼 가능성이 있다. 다시 말해 파이의 크기가 작아질 수 있다. 이들의 주장이 안고 있는 문제는 현실에서는 이 같은 보상이 일어나지 않는다는 것이다.

공리주의자의 생각

비행기 탑승객 수를 줄이고 진찰할 환자 수를 줄임으로써 파레토 효율적으로 소득 분배가 이뤄졌다면, 이 같은 소득 분배 자체는 공리주의 관점에서 비효율적이다. 소득이 공평하게 분배된 상태에서 똑같은 양의 자원을 쓰는 경우에는 부유층과 중산층 모두 항공기를 이용할 수 있고, 중산층도 필요한 만큼 의사를 면담할 수 있다. 이 같은 자원 분배는 파레토 관점에서도 효율적이고 공리주의 관점에서도 효율적이다. 소득 불평등이 심하다면 자원 분배에 정부의 개입이 필요하다.

그렇다면 소득 재분배를 정책적으로 배제하는 정부에서는 재화의 재분배 문제를 해결하기 위해 어떤 수단을 쓸까? 앞으로 살펴보겠지만 소득 분배가 불평등한 상태에서는 재화의 종류에 따라 원천적으로 정책 선택에 제약이 따른다.

부자에게
핸디캡을 적용하는 법

진료시간 문제

더 많은 환자가 진료받을 수 있도록 정부에서 진료시간을 규제해야 할까? 1인당 진료시간을 정부에서 지정하는 것은 문제의 소지가 있을 뿐 아니라 비도덕적인 부분도 있다. 이는 부자가 누릴 자유와 가난한 자가 누릴 복지가 상쇄관계에 놓인다는 뜻이다.

비행기 문제

소득 불평등이 결국 일등석은 더 널찍하고 일반석은 더 협소하게 만들었지만, 비행기 좌석 수가 줄어들지 않는 한 그 정도 불편함은 감내하는 편이 낫다. 아예 비행기를 못 타는 수가 있기 때문이다. 왜 그럴까?

뉴욕에서 로스앤젤레스까지 승객 200명을 태우고 날아가는 데 드는 비행기 연료비가 10만 달러라고 하자. 그리고 중산층 가구가 비행기 푯값으로 생각하는 유보가격이 250달러이고, 넉넉한 좌석을 얻는다는 가정 아래 부유층 가구가 생각하는 유보가격이 750달러라고 하자. 이때 중산층 승객만 태운 비행기가 이륙하는 일은 없을 것이다. 중산층 승객 200명이 지불할 수 있는 금액을 다 합쳐봐야 연료비 절반에 해당하는 5만 달러밖에 안 되기 때문이다.

하지만 750달러를 내는 승객 100명과 250달러를 내는 승객 100명을 태운 비행기는 이륙할 수 있다. 다만, 부유층 승객은 특혜가 제공되지 않으면 중산층 승객과 똑같은 비행기를 타면서 돈을 더 내려고 하지 않을

125

것이다. 다시 말해, 협소한 일반석과 넉넉한 일등석이 공존할 때 중산층이 비행기를 이용하는 것이 가능하다. 이렇게 조정하면 부자는 비즈니스 전용기만 운영하는 경우보다 이용 가능한 비행편이 많아진다는 이점이 있다. 중산층 승객을 제외하면 현재 운항 중인 비행 편을 모두 채우기에는 승객 수가 부족하다.

물론 싱가포르 항공이나 회사 전용기는 이야기가 다르다. 탑승 가능한 인원보다 훨씬 적은 인원을 이송하면서 실제로 일부 중산층 소비자를 배제하는 결과를 낳고 있기 때문이다. 이 경우에는 각 비행기가 수용할 수 있는 최대 인원을 이송하도록 법으로 규제할 필요도 있다.

주택 문제

부자들이 너무 큰 주택에 사는 것을 규제하는 가장 간단한 방법은 사용 면적만큼 세금을 부과하는 것이다. 가족 수에 따라 일정 면적까지는 세금을 면제해주고, 그 수준을 넘어서면 최상층 부자도 꺼릴 만큼 높은 세금을 부과해야 한다. 이런 대책이 실효를 거두려면 세금을 얼마나 높게 책정해야 할까? 맨해튼 지역 대형 아파트는 제곱피트당 662달러 정도 가격을 더 붙여 판다는 점을 고려하면 계산이 나온다. 그런 장점을 상쇄할 만큼 세금을 높게 부과해야 초대형 아파트를 짓고 싶은 개발업체의 투자 의욕을 위축시킬 수 있다.

7장

'무상교육'은
돈을 낭비하는 일일까?

민간 시장에서는 절대 제공되지 않을 재화와 서비스가 있다. 대표적으로 국방 서비스가 그렇다. 민간 기업이 일반 소비자에게 국방 서비스를 팔려고 해도 고객을 찾기가 쉽지 않다. 왜 그럴까?

여자는 국방 서비스를 구매하고 남자는 구매하지 않는 상황을 가정해 보자. 일단 여자에게 국방 서비스가 제공되면, 남자는 돈 한 푼 들이지 않아도 여자와 똑같이 국방 서비스 혜택을 누리게 된다. 이때 남자가 국방 서비스를 받지 못하게 막을 수 없으므로 국방 서비스에는 '배제 불가능성'이 있다. 남자는 국방 서비스 자체를 거부하는 것이 아니라 '무임승차'해서 공짜로 서비스를 누리려는 것이다. 이 같은 편법이 가능하다는 사실을 알면 여자도 국방 서비스를 구매하려 들지 않을 것이다.

이렇게 배제 불가능성이 있는 재화를 '공공재(公共財)'라고 한다. 공공재는 자발적으로 재화를 구매하지 않는 사람이 너무 많아서 정부가 돈을 지불해야 한다. 민간 회사와 달리 정부는 공공재를 제공할 능력이 된다. 사람들이 비용을 지불하도록 강제할 힘이 있기 때문이다. 또 공공재에는 '비경합성의 원리'가 적용된다. 일단 제공하면 그 재화를 소비하는 사람의 수가 증가해도 서비스 품질이 저하되지 않는다는 의미다. 국방 서비스를 예로 들면, 여자가 국가 안보의 효용을 누린다고 해서 남자의 효용이 감소하는 것은 아니다.

또 다른 공공재로는 무엇이 있을까? 신선한 공기도 공공재다. 다른 사람이 공기를 마시지 못하게 막을 수 없고, 한 사람이 공기를 마신다고 해

경제학은 어떻게 내 삶을 움직이는가

서 다른 사람이 마실 공기가 사라지는 것이 아니기 때문이다. 의약품이나 식품에 대한 정부의 규제도 공공재다. 안전한 의약품과 식품이 시장에 공급되면 그 혜택에서 배제되는 소비자는 아무도 없으며, 한 소비자가 보호를 받음으로써 다른 소비자가 받는 보호의 수준이 감소하지 않는다. 경찰의 보호는 국방 서비스와 같은 범주에 속하지만 제한된 지역에만 제공한다는 점에서 '지역 공공재'다. 도시 설계, 청결한 거리, 가로등도 지역 공공재다.

정부가 공공재만 제공하는 것은 아니다. 교육을 예로 들어보자. 특정 학교에서 어떤 아이의 입학을 허가하지 않기 쉽다는 사실만 봐도 교육은 소비자를 사용에서 배제할 수 있는 재화다(재정이 열악한 학교에 다니는 아이는 부자 동네의 좋은 학교로 입학하는 것이 대개 허락되지 않는다). 규모에 따라 교육 품질이 떨어지기도 한다. 이는 공교육이 배제 가능한 재화일 뿐 아니라 경합 가능한 재화임을 의미한다. 그러므로 교육은 사용재(私備財)에 해당한다. 사립학교에서도 알 수 있듯이, 이를 가장 잘 보여주는 증거는 민간 시장에서도 교육 서비스를 제공한다는 사실이다.

교육이 사용재라면 정부는 왜 이런 재화를 공급하는 것일까? 여러 가지 이유가 있겠지만 그중 하나는 한 사람의 교육 수준을 높이면 대중이 혜택을 보고, 또 그 혜택이 사회 전체에 미칠 수 있기 때문이다. 예를 들어 노동자의 직업과 기술, 교육 수준이 동일하다고 할 때 평균 학력이 더 높은 도시에서 일하는 노동자가 임금을 더 많이 받는다는 통계가 있다.[1]

한 사람의 교육 수준을 높이면 그 개인뿐 아니라 사회 전체에 이득이 된다.

교육을 가치재(시장 원리에 맡겨놓으면 바람직한 수준으로 공급이 이뤄지지 않아 사회 전체의 편익을 위해 정부가 제공해야 하는 재화나 서비스-옮긴이)라고 주장하는 경제학자도 있다. 이는 좋은 교육을 받을 때 자녀가 무슨 혜택을 누리는지 몰라 자녀 교육에 제대로 투자하지 않는 부모가 있다는 이야기다.

정부가 교육 서비스를 제공하는 주된 이유는 무상 공교육이 가난한 이들이 끊임없이 요구하는 재분배 정책이기 때문이다. 앞서 살펴보았듯이 프랑스 혁명이 일어난 직후 처음 헌법을 제정할 때도 민중은 무상 공교육 조항을 명시하라고 요구했다. 공산당 선언서 역시 10가지 기본 강령의 하나로 "모든 어린이에게 공공의 무상교육을 제공할 것"을 요구했다. "낙제 학생 방지(No Child Left Behind)"라는 미국의 교육 개혁 운동에서도 드러나듯이 공교육은 중요한 정치 쟁점이다.

교육 같은 사용재는 사회가 그 비용을 지불하더라도 여전히 사용재라는 점을 분명히 알아야 한다. 비슷한 맥락에서 공공재는 민간 기업에서 제공하더라도 여전히 공공재로 남는다. 군수업체인 할리버튼과 블랙워터는 엄연히 민간 기업이지만, 그들이 제공하는 국방 서비스는 공공재다. 사회가 비용을 지불하지 않으면 아무도 그 비용을 내지 않을 것이기 때문이다. 사실 국방 서비스가 공공재라는 이유로 두 회사는 천문학적 가격을 부과하면서 형편없는 서비스를 배짱 좋게 제공할 수 있다. 사용재는 이와 달라서 소비자가 품질에 만족하지 못하면 더는 구매하지 않으면 그만이다. 하지만 공공재는 배제 불가능성이 있어서 소비자가 마음대로 소비를 중단하거나 지불을 거부할 수 없다.[2]

교육에는
소득 재분배 기능이 있다

정부가 지역 구분 없이 공공재를 제공하면 모든 시민이 공평하게 그 효용을 누린다. 하지만 정부가 제공하는 재화가 지역 공공재나 사용재라면, 시민이 누리는 효용은 질적으로나 양적으로 다를 수 있고 실제로 차이가 난다. 예를 들어, 앞서 언급했던 경제 활성화 지구의 경우 한 도시에 사는 주민이라도 내는 세금이 다르고 받는 서비스도 다르다. 공원 관리 위원회에서 기금을 쓰는 공원도 따로 있다.

가난한 사람은 대부분 이러한 격차를 감내하는 편이다. 하지만 교육 문제만큼은 다르다. 자신이 사는 지역 학교에도 고소득층 학군의 학교가 지원받는 만큼 공평하게 지원해달라고 불만을 표출하며 저항한다. 하지만 이 같은 요구에는 언제나 "교육에 돈을 낭비해서는 안 된다"는 반론이 따른다. 가난한 학교에 현재 수준 이상으로 돈을 지원하는 것은 아무 효과가 없으니 더 이상 지원해서는 안 된다는 것이다.

〈표 7.1〉을 보면서 각 주 정부의 교육 지원금이 지역에 따라 얼마나 차

이가 나는지 살펴보자. 표에서 확인할 수 있듯이 몇몇 주에서는 부유한 지역보다 빈곤 지역에서 교육 지원금을 더 많이 받았다. 매사추세츠 주는 부유한 지역보다 빈곤 지역에서 한 학생당 1,343달러를 더 지출하고, 알래스카 주와 델라웨어 주는 각각 1,231달러와 1,184달러를 더 지출했다. 다른 주에서는 빈곤 지역보다 부유한 지역에서 더 많은 기금을 지원받았다. 부유한 지역과 빈곤 지역 간 격차가 가장 큰 곳은 뉴욕 주로 2,040달러이고, 일리노이 주와 버지니아 주가 각각 2,026달러와 1,105달러의 격차를 보여준다.

전국 평균을 내면 한 학생당 868달러 차이가 나는데, 이는 25명 학급을 기준으로 부유한 지역에 있는 학교에서 특수 교사나 교육 물품, 체험 여행 등에 2만 1,700달러를 더 지원받는다는 뜻이다. 게다가 부유한 지역과 같은 품질의 교육을 빈곤 지역에 공급하려면, 학급 규모부터 대폭 줄여야 하기 때문에 부유한 지역보다 40%나 더 많이 기금을 지원해야 한다.[3]

주	2001~2002 고소득층 지역과 저소득층 지역의 한 학생당 이용 가능한 지원금 격차 (기타 후원 형태도 달러로 조정. 저소득층 학생에 대한 보정은 이뤄지지 않았음)
앨라배마(Alabama)	−$613
알래스카(Alaska)	$1,231
애리조나(Arizona)	−$681
아칸소(Arkansas)	−$149

캘리포니아(California)	$173
콜로라도(Colorado)	−$38
코네티컷(Connecticut)	$277
델라웨어(Delaware)	$1,184
플로리다(Florida)	−$74
조지아(Georgia)	$721
아이다호(Idaho)	−$96
일리노이(Illinois)	−$2,026
인디애나(Indiana)	−$25
아이오와(Iowa)	−$333
캔자스(Kansas)	$122
켄터키(Kentucky)	−$3
루이지애나(Louisiana)	−$725
메인(Maine)	−$79
메릴랜드(Maryland)	−$558
매사추세츠(Massachusetts)	$1,343
미시간(Michigan)	−$564
미네소타(Minnesota)	$1,031
미시시피(Mississippi)	−$18
미주리(Missouri)	$354
몬태나(Montana)	−$450
네브래스카(Nebraska)	$233
네바다(Nevada)	$333
뉴햄프셔(New Hampshire)	−$795
뉴저지(New Jersey)	$1,260
뉴멕시코(New Mexico)	$374
뉴욕(New York)	−$2,040
노스캐롤라이나(North Carolina)	−$392
노스다코타(North Dakota)	$653
오하이오(Ohio)	$186

오클라호마(Oklahoma)	$226
오리건(Oregon)	$186
펜실베이니아(Pennsylvania)	−$882
로드아일랜드(Rhode Island)	$108
사우스캐롤라이나(South Carolina)	$370
사우스다코타(South Dakota)	$552
테네시(Tennessee)	$570
텍사스(Texas)	−$388
유타(Utah)	$782
버몬트(Vermont)	−$766
버지니아(Virginia)	$1,105
워싱턴(Washington)	$160
웨스트버지니아(West Virginia)	−$135
위스콘신(Wisconsin)	$108
와이오밍(Wyoming)	$381
미국(USA)	−$868

출처: 교육신탁기금(Education Trust Fund).
http://www2.edtrust.org/NR/rdonlyres/30B3C1B3-3DA6-4809-AFB9-2DAACF11CF88/0/
funding2004.pdf

■〈표 7.1〉주 정부별 교육 지원금 격차

교육 품질은 다양한 지표가 결합해 결정되는데, 이 지표 가운데 하나
가 학급의 규모다. 〈그림 7.2〉와 〈그림 7.3〉은 미국의 빈곤 지역과 그 밖
지역의 학급 규모를 보여준다.

〈그림 7.2〉는 '일반 교사'를 기준으로 한다. 이들은 전 과목을 가르치며
대개 저학년을 담당한다. 〈그림 7.3〉은 '전문 교사'를 기준으로 한다. 이
들은 특정 과목만 가르치며 대개 고학년을 담당한다. 비(非) 빈곤 지역에

서는 일반 교사의 62%가 18명 이하의 인원으로 구성된 학급을 맡고 있으며, 빈곤 지역에서는 25%에 불과하다.

전문 교사(고학년 담당)는 그 차이가 작은 편지만 그래도 상당한 차이를 보인다. 비(非) 빈곤 지역에서는 전문 교사의 45%가 17명 이하의 인원으로 구성된 학급에서 가르치는 반면, 빈곤 지역에서는 고작 18%만이 비슷한 규모의 학급에서 가르친다.

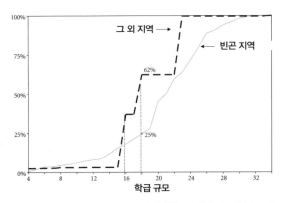

■〈그림 7.2〉빈곤 지역 학교와 그 외 지역 학교의 학급 규모 (일반 교사)

무료급식 프로그램에 참여한 학생이 있는 학교는 빈곤 학교로 구분하였음. 특수교육 교사와 학생이 45명 이상인 학급은 통계에서 제외함
출처: 학교 및 교직원 실태조사(School and Staffing Survey) 1999~2000, 미국 교육통계센터(National Center for Education Statistics). 이 자료를 참고로 필자가 직접 통계를 냄

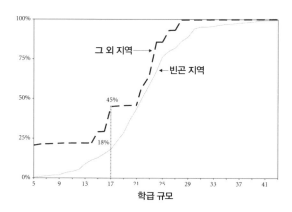

■〈그림 7.3〉빈곤 지역 학교와 그 외 지역 학교의 학급 규모 (전문 교사)

무료급식 프로그램에 참여한 학생이 있는 학교는 빈곤 학교로 구분하였음. 특수교육 교사와 학생이 45명 이상인 학급은 통계에서 제외함
출처: 학교 및 교직원 실태조사 1999~2000, 미국 교육통계센터. 이 자료를 참고로 필자가 직접 통계를 냄

    그러나 비(非) 빈곤 지역과 빈곤 지역의 공립학교 간 학급 규모 차이는 공립학교와 사립학교 간 학급 규모 차이에 비하면 아무것도 아니다. 〈표 7.4〉에서 보듯 사립학교의 학급은 공립학교의 학급보다 규모가 훨씬 작고, 학생 대 교사 비율도 마찬가지다.

평균 학급 규모		학생/교사 비율	학생/교사 비율이 10:1 미만인 학교의 비율
학급 담임제	교과 전담제		
공립			
21	24	16:1	10%
사립(비종교계)			
15	15	9:1	68%

■〈표 7.4〉평균 학급 규모, 학생 대 교사 비율 (1999~2000)
출처: 미국 교육부, 교육통계센터, 학교 및 교직원 실태조사, "공립학교, 차터 공립학교, 사립학교 그리고 교사 실태조사(Public, Public Charter, and Private School and Teacher Surveys)" 1999~2000.

교육에 돈을
낭비해선 안 된다

　교육 지원금의 형평성 문제는 종종 법정 싸움으로 비화되곤 하는데, 이런 소송이 발생하면 후버 연구소(Hoover Institute)의 경제학자 에릭 A. 하누셰크(Eric A. Hanushek)는 법정에 출석해 교육 재원을 재분배하는 것이 왜 돈 낭비인지 증언하곤 한다.

　예를 들어 2000년에 호크 카운티(Hoke County)의 여러 저소득층 학군에서 노스캐롤라이나 주를 고소했다. 그들은 학급당 인원수가 많은데도 고소득층 학군보다 교사의 수준이 떨어진다고 불만을 호소했다. 이 소송에 증언하러 나온 하누셰크는 "교육 지원금과 학업성취도의 상관관계를 밝히는 일관된 증거는 거의 없다"고 재판부에 의견을 제시했다.[4] 저소득층 학군의 주장이 옳을지도 모르지만, 설령 주 정부를 강제해서 더 많은 지원금을 받아내더라도 아무런 효과를 거두지 못할 거라는 뜻이다. "정부가 제대로 할 줄 아는 건 아무것도 없다"는 사회적 통념을 이용한 셈이다. 가난한 아이들이 열악한 학교에 가는 것도 맞고 이들 학교의 재정이 부족한 것도 맞는데, 재정이 부족해서 열등한 학교가 되는 것은 아니라는 이야기다.

　하누셰크 같은 이들은 가난한 학교에 더는 교육 지원금을 제공하면 안 된다고 주장하면서, 미국이 그 어떤 나라보다 한 학생당 공교육비를 많이 지출하고 있지만 그만한 효과를 거두지 못하는 현실을 근거로 제시

한다. 2004년 〈USA 투데이〉 기사에서 교육부 장관 로드 페이지(Rod Paige)
는 앵무새처럼 이 논지를 되풀이했다.

우리 공교육 시스템은 아직도 두 계층으로 분리되어 있다. 일부 운이 좋은
학생은 세계 최고 수준의 교육을 받지만, 수백만 명의 아이들은 양질의 교
육을 받지 못한 채 별 볼 일 없는 수준에 머물러 있다. 이들은 대부분 유색
인종 자녀들이다. 브라운 씨(흑인이었던 브라운은 딸을 위해 소송을 걸었고 대
법원에서 공립학교의 인종 분리는 위헌이라는 결정을 얻어냈다-옮긴이)가 남긴
유산은 이런 것이 아니다. 교육비를 더 지출해서 이 같은 공교육 시스템을
뜯어고칠 수 있다고 아직도 믿는 이들이 있다. 하지만 우리는 유치원부터
고등학교까지 스위스를 제외한 그 어떤 나라보다도 한 학생당 공교육비
지출이 많다. 그러므로 문제는 돈이 아니라 그 돈을 투자한 방식에 있다.[5]

그리고 재선에 성공한 부시 대통령 역시 이 논지를 근거로 감세와 교
육 예산 삭감이라는 두 가지 정책을 동시에 주문했다. 하지만, 정작 통계
자료를 살펴보면 정부의 교육비 지출이 증가한 덕분에 공립 교육이 질적
으로 향상되었음을 알 수 있다. 교육비를 쓴 만큼 효과가 없다는 주장은
이 같은 통계를 왜곡한 것이다.

교육에 돈을 낭비해서는 안 된다는 주장은 1967년부터 1996년까지
정부의 교육비 지출이 실제 두 배로 늘었지만 성과는 미미하다는 판단에

근거한다. 이때 말하는 성과란 교육부에서 표본 학생을 대상으로 정기적으로 실시하는 전국 학업성취도 평가(NAEP, National Assessment of Education Progress test)를 기준으로 한다. 〈그림 7.5〉와 〈그림 7.6〉은 1971년부터 2004년까지 치른 전국 학업성취도 평가의 나이별 평균 점수다.[6]

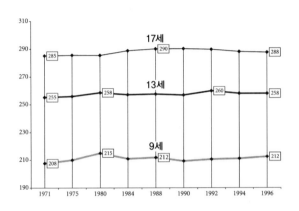

■〈그림 7.5〉 읽기 능력 평균 점수 연도별 추이 (1971~1996)

출처: 미국 교육부, 교육통계센터, 전국 학업성취도 평가 1973~2004, 읽기 능력 평가의 장기적 추이

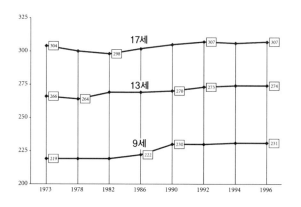

■〈그림 7.6〉 수학 능력 평균 점수 연도별 추이 (1971~1996)

출처: 미국 교육부, 교육통계센터, 전국 학업성취도 평가 1973~2004, 수학 능력 평가의 장기적 추이

　언뜻 보면 확실히 점수 변화가 걱정스러운 수준이다. 17세 학생들은 읽기 능력이든 수학 능력이든 변화가 미미하고, 9세 학생들만 약간의 상승 구간이 보인다. 하지만 이 그래프는 오해를 불러일으킬 소지가 다분하다.

　첫째, 해당 기간에 시험을 치른 학생의 구성비가 달라졌다는 사실을 간과해서는 안 된다. 다른 요인도 있겠지만 고등학교 중퇴율이 눈에 띄게 감소했다. 고등학교 중퇴율은 1973년에 14.1%였다가 2000년에는 10.9%로 떨어졌다. 이는 중퇴하는 학생이 줄어든 만큼 평가 학생 가운데 학습이 부진한 학생이 차지하는 비율도 그만큼 증가했다는 뜻이다. 게다가 〈그림 7.7〉을 보면 아동 빈곤율도 해당 기간 후반 들어 부쩍 증가했다.

경제학은 어떻게 내 삶을 움직이는가

1973년에 14%이던 빈곤율은 1996년에 21%로 늘었다. 가난한 아이가 학교에 다니는 비율이 높아진 만큼 학업성취도 평균 점수도 하락했을 것이다.

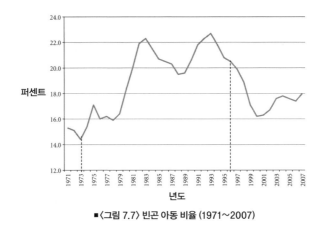

■〈그림 7.7〉 빈곤 아동 비율 (1971~2007)

출처: 미국 인구조사국(Census Bureau), 빈곤율 통계표, 표3—연령, 인종, 히스패닉 계에 따른 사람들의 빈곤 상태 (1959~2006)

또 한 학생당 공교육비 지출액이 두 배가 되었다는 주장도 현실을 호도한다. 리처드 로드스타인(Richard Rothstein)과 카렌 홀리 마일스(Karen Hawley Miles)가 통계 자료를 검토한 결과 1967년부터 1991년까지 한 학생당 공교육비 증가율은 100%가 아니라 26%였으며, 1991년부터 1996년까지는 미미한 증가에 그쳤다.[7] 이렇게 수치가 달라지는 배경에는 여러 요인이 있다.

7장 '무상교육'은 돈을 낭비하는 일일까?

첫째, 한 학생당 공교육비 지출액이 두 배로 증가했다는 조사 결과는 소비자 물가지수를 근거로 한 것이다. 하지만 소비자 물가지수는 소비자가 구매한 것을 반영할 뿐 학교에서 구매한 것은 반영하지 않는다. 소비자는 대부분 재화에 돈을 지출하지만, 학교는 대부분 예산을 교사와 교직원의 임금을 주는 데 쓴다. 그래서 로드스타인과 마일스는 재화가 아닌 용역에 중점을 둔 물가지수를 사용했다.

둘째, 로드스타인과 마일스는 공교육비 증액의 상당 부분이 특수교육 등 그 자체로는 중요하지만, 학업성취도와는 별 상관이 없는 지출임을 확인했다. 예를 들어 특수교육 대상 학생은 학업성취도 평가 시험에서 제외되었다. 로드스타인과 마일스에 의하면, 이 같은 사실을 고려할 때 우리가 내려야 할 결론은 따로 있다. 효과가 없으니 "교육에 돈을 낭비해서는 안 된다"고 말할 것이 아니라, 중퇴율 감소와 빈곤율 증가에 따라 나타날 수 있는 학업성취도 '하락'을 예방했다고 말하는 게 옳다.

부유한 학교와 가난한 학교 간에 나타나는 가장 큰 차이는 학급 규모다. 돈이 문제가 아니라는 논지를 펴기 위해 하누셰크는 학급 규모 역시 문제가 아니라고 주장해야 했다. 그는 여러 논문을 살폈고 문헌에 나온 통계 분석 자료를 토대로 자신의 주장을 펼쳤다. 학급 규모가 작을수록 학업성취도가 더 높다고 말하는 논문도 있지만, 상관관계가 없다고 말하는 논문이 훨씬 많다.

경제학자 크루거와 다이엔 휘트모어(Diane Whitmore)는 이 논쟁에 대한 양측의 주장을 지지하는 연구를 계산하는 하누셰크의 방식이 특이하다는 사실을 알아냈다. 하누셰크는 논문 편수를 따지지 않고 논문에 실린 통계 분석 자료 개수를 따졌다. 하누셰크는 총 59개의 논문을 검토했고 거기서 227개의 통계 분석 자료를 뽑아냈다. 한 논문에 실린 통계 자료의 개수는 매우 다양했다. 이들 논문 가운데 저자가 같은 2개의 논문에는 각각 24개의 통계 분석 자료가 실렸다. 이들 통계치는 모두 같은 데이터 집합을 토대로 작성한 것이다. 그 밖의 다른 논문은 하나의 통계 분석 자료만 제시했다. 크루거의 설명에 의하면, 하누셰크가 논문 편수를 세지 않고 통계 분석 자료를 세는 바람에 사실관계가 호도되고 있다. 한 논문에 실린 통계 분석 자료가 많다고 해서 그 논문을 더 중요시할 이유는 전혀 없다.

크루거의 주장을 쉽게 이해하기 위해 한 가지 예를 들어보자. 가령 한 연구원이 열량과 체중의 관계를 알아내려 한다고 가정하자. 이 연구원은 체중과 열량 외에 피험자의 인종 정보도 알고 있다. 먼저 연구원은 인종이라는 변수를 제외하고 열량과 체중의 관계를 알려주는 통계를 낼 테고, 그다음에는 인종이라는 변수를 통제한 상태에서 열량과 체중의 관계를 알려주는 통계를 낼 것이다. 이로써 같은 데이터 집합을 이용해 열량과 체중의 관계에 관한 2개의 분석 자료를 얻는다. 이 두 분석 자료가 열량과 체중은 무관하다는 사실을 보여준다고 하면, 이 연구원이 산출한 2개의 결과는 전혀 다른 2개의 데이터 집합을 이용해 열량과 체중이 무관하다고 산출한 2개의 통계 결과와 동등한 가치를 지닐까? 당연히 아니다. 이 연구원이 낸 2개의 통계 분석 자료를 정확하게 해설하자면 특정 데이터 집합에서 열량과 체중의 관계는 무관한 것으로 나타났고, 이 결과는 인종에 따라 바뀌지 않았다는 것이다.

크루거와 휘트모어는 통계 분석 자료가 아닌 논문 편수로 계산할 때, 학업성취도와 학급 규모가 상관이 있다고 주장하는 연구가 둘 사이에 상관이 없다고 주장하는 연구보다 4배나 많다는 사실을 알아냈다.[8]

학급 규모가 중요한지 판단하려면 학급 규모만 빼고 모든 면에서 엇비슷한 학급에 속한 학생들을 대상으로 성적을 비교해야 한다. 학생의 구성비(소득 계층, 이민자 여부 등)와 기타 교육 지원(컴퓨터 장비, 미술실 등) 상태가 모두 비슷해야 하고, 학급 간의 유일한 차이는 학급 규모뿐이어야 한다.

하지만 현실적으로 학급 규모를 제외한 다른 모든 여건이 동일한 학급을 찾기란 불가능하다. 대개 소규모 학급은 부유한 학교에 있고, 과밀한 학급은 가난한 학교에 있기 때문이다. 특정 요인을 통제한 실험을 수행하지 못한 경우에는 학급 간의 다른 점을 고려해 데이터를 보정해야 하고, 이렇게 바로잡은 결과는 의문스러울 수밖에 없다. 하지만 테네시 주에서는 1985년부터 1990년까지 통제된 실험을 수행해 문제가 생길 여지를 애초에 차단했다.

테네시 주에서는 학급 규모만 빼고 나머지 조건을 동일하게 통제했기 때문에 데이터를 따로 보정할 필요가 없었다. 같은 학교의 초등학교 3학년생을 무작위로 선정해 소규모 학급(13~17명)과 보통 학급(22~25명)에 나눠서 배정하고, 교사도 무작위로 선정해 소규모 학급 또는 보통 학급에 배정했다. 4학년에 올라가서는 모든 학생이 보통 학급으로 되돌아갔다. 그리고 모든 학생을 대상으로 똑같은 시험을 치렀다. 그 결과 소규모 학급 학생이 보통 학급 학생보다 평균 4~5.5% 더 높은 점수를 받았다(학년에 따라 차이가 있다). 전국 학업성취도 평가 시험은 만점이 500점이니까 이 차이를 점수로 환산하면 20~26점이 올랐다는 뜻이다. 전국 학업성취도 평가 추이를 나타낸 앞선 그림과 비교해보면, 해당 기간에 나타난 그 어떤 증가분보다 성적 향상이 크다는 것을 알 수 있다.[9]

학급 규모는 중요하다. 부유층 자녀일수록 규모가 작은 학급에 배정된다. 그렇다면 부유한 학생을 소규모 학급에 배정하는 것은 효율적인 방법일까? 이 효율성이란 것이 가장 이득을 많이 본다는 것을 의미한다면, 우리는 여기에 '아니오.'라고 대답해야 한다.

크루거가 검토한 여러 논문에 따르면, 학급 규모가 작은 경우 고소득층 학생보다 저소득층 학생의 학업성취도가 더 많이 향상되었고, 점수가 높은 학생보다는 점수가 낮은 학생의 성취도가 더 많이 증가했다. 학급 규모가 줄어들수록 학급 규모를 줄여서 얻는 효과 역시 감소했다.[10] 일정 정도로 학급 규모를 줄인 뒤에는 이를 더 작은 규모로 줄여도 크게 도움이 되지 않는다는 뜻이다. 그러므로 소규모 학급에서 공부하는 부유한 학생에게 배정된 재원을 과밀 학급에서 공부하는 가난한 학생에게 이전하면, 부유한 학생이 입는 손해보다 가난한 학생이 얻는 이득이 더 커진다. 물론 부유한 학군에 제공하는 지원금을 줄이지 않고 가난한 학군에 제공하는 지원금을 늘리는 방법도 있겠지만, 이렇게 하려면 세금을 올려야 할 것이다.

소득이 평등하지 않은데
교육이 평등할 수 있을까?

노스캐롤라이나 주는 '호크 카운티' 저소득층 교육구와의 소송에서 패했다. 판사는 하누셰크의 증언을 세심하게 경청했고, 효과도 없는 일에 돈을 지출하는 것은 순전히 돈 낭비라고 알려준 데 대해 감사를 표했다. 하지만 판사는 원고 측인 교육구가 주 정부에 돈을 요구할 만한 정당한 목적이 있다고 판단했다. 그리고 "바보가 아니고서야 교육에 돈이 중요치 않다고 생각할 사람은 없다"고 판결문에 기록했다.[11]

다수의 주 법원에서는 오래전부터 이와 비슷한 판결을 내리고 있다. 그렇다면 지금은 한 사람당 공교육비 지출이 평등해졌을까? 학교는 해당 지역에서 거둔 세수로 교육 재원을 지원받고 있으므로, 소득 불평등이 증가한 만큼 교육 재원의 불평등 현상도 심화되었다. 경제학자 캐롤린 혹스비(Caroline Hoxby)는 매사추세츠 주와 일리노이 주를 대상으로 한 학생당 교육 지원금에 나타난 불평등 문제를 조사했고, 1950년부터 1990년 사이에 이 두 주의 교육 지원금 격차가 현저하게 벌어졌다는 사실을 알아냈다. 여러 차례 이 문제로 소송이 벌어졌던 터라 소득 계층과 공교육 지원금 간에 연결고리가 끊어져야 마땅했지만, 학부모 소득 정도와 한 학생당 공교육비 지출 사이의 상관관계는 더욱 '밀접'해졌다.[12]

〈뉴욕 타임스〉의 교육 논설위원인 로드스타인은 심지어 학부모의 개인 후원을 일절 금지하는 학군에서도 창의적인 방법으로 교육 지원금의 불평등을 조장하는 부유한 학부모의 실태를 보도했다. 이들은 교사의 임금을 올려줄 수 없게 되자 '사례비'를 지불하고, 별도의 교사를 고용하는 것이 허용되지 않자 '컨설턴트'라는 명목으로 이들을 고용해 미술이나 음악 수업을 가르쳤으며, 도서관을 지어 장서를 가득 채워 넣었다.[13] 관련 증거를 검토하고 나서 혹스비는 "공교육비 불평등을 줄이기 위해서는 소득 불평등부터 줄이는 것이 더 효과적일 것"이라고 결론지었다.

"그게 경제에 이로운가?"

"그게 경제에 이로운가?"

이 한 마디에 모든 것을 경제적 잣대로 판단하는 경제 지상주의와 그 문제점이 고스란히 드러난다. 물론 경제학자는 경제라는 것이 실체가 없으며 정작 중요한 문제는 '사람'이라는 것을 잘 안다. 하지만 그들은 이 단순한 진리를 복잡하게 만들어 일반인에게 완벽하게 감추는 데 성공했다.

뉴스에서는 매시간 수많은 주식 종목의 변동 상황을 보도한다. 하지만 교사, 건설 노동자, 보건의료 노동자, 외식업체 노동자의 삶이 질적으로 나아졌는지에 대해서는 거의 보도하지 않는다. 노동자가 어제보다 오늘 자녀와 더 많은 시간을 보내고 있는가? 의료보험 가입자 현황은 어떠한가? 주가지수를 보도하듯이 이 같은 지표도 매시간 보도하면서 정부를 독려한다면 정부도 분명 개선 의지를 보일 것이다. 하지만 이런 생활 여건은 이른바 '경제'의 관심 밖에 있고, 경제학에서 중요하게 다루는 주제가 아니다.

경제는 그 안에 살아가는 사람들을 중요하게 생각하지 않을뿐더러, 여러 경제학자의 설명으로는 오히려 희생을 요구한다. 식량 보조금은? 경제에 해롭다. 주택 보조금은? 경제에 해롭다. 의료보험은? 역시 경제에 해롭다.

최근 발생한 여러 사건에서 알 수 있듯이, 사람들은 경제를 위해 희생했지만 그 희생은 모두 허사였다. 경제라는 거대한 석상은 효율성이라는 받침돌 위에서 위태롭게 흔들리고 있다. 이 효율성은 사실상 정부가 개입하는 모든 정책을 비효율적이라고 배척하기 때문이다. 하지만 정부가 근사한 공공 주택을 충분히 공급했다면 어땠을까? 주택을 구매할 여력이 없는 가난한 사람이 고금리 대출을 받을 일은 없었을 것이고, 서브프라임 모기지로 시작된 경제위기도 발생하지 않았을 테다.

사회보장제도가 노동자에게 넉넉한 퇴직연금을 제공하고, 정부에서 사립대학 못지않게 우수한 공립대학을 만들어 무상으로 다닐 수 있게 했다면 어땠을까? 평범한 노동자가 노후 자금을 확보하거나 자녀의 대학 등록금을 마련하려고 '주식 놀이'에 뛰어들 수밖에 없는 상황은 발생하지 않았을 것이다. 노동자가 주식에 돈을 투자하지 않았더라면 "메인 스트리트(실물 경제-옮긴이)를 살리기 위해 월스트리트(금융 경제-옮긴이)를 살릴" 필요가 없었을 테고, 그러면 은행과 금융가를 긴급 구제해야 한다는 구실을 내세울 수도 없었을 것이다. 또 정부가 의료보험을 제공한다면 노동자는 훨씬 더 유연하게 직장을 옮길 수 있고, 시시각각 변하는 경제 상황에 더 신속하게, 덜 고통스럽게 적응할 수 있을 것이다.

부자와 이들을 섬기는 사람들은 소득 재분배를 문제 삼는 일은 비생산적이고 속 좁은 행위라고 주장한다. 속이 좁다고 하는 이유는 사람이라면 모름지기 남이 잘되는 것을 시기해서는 안 되기 때문이다. 비생산적이라고 하는 이유는 부자가 엄청난 부를 축적하더라도 사회 전체로 봤을 때 그들이 차지하는 파이는 일부에 지나지 않고, 또 재산을 재분배하더라도 가난한 사람의 복지에 변화가 생기는 것은 아니기 때문이다.

두 가지 주장은 모두 틀렸다. 처음에 살펴보았듯이 소득 분배가 불평등하면 빈곤층과 중산층은 고통을 받는다. 그들이 가난해서가 아니라 부자에 비해 더 가난하기 때문이다. 소득 격차가 심해지면 판매자는 부자만 지불할 수 있는 가격을 책정한다. 정부는 모든 시민을 평등하게 섬겨야 하는 의무를 저버리고, 부자는 제한된 자원을 자기가 가져야 할 정당한 몫 이상으로 차지한다.

소득 재분배를 해도 효과가 없으리라는 주장이 얼마나 허튼소리인지는 2008년 미국의 1인당 명목 GDP가 4만 7,000달러였다는 사실을 생각해보면 된다.[14] 만일 모든 사람에게 소득을 평등하게 분배했다면, 4인 가족이 쓸 수 있는 자원은 연간 18만 8,000달러였을 것이다.[15] 하지만 미국 인구의 13%는 빈곤층이고, 4인 가족 기준 빈곤선은 2만 1,027달러였다. 이는 소득을 평등하게 분배했을 때 받았을 소득의 10분의 1 수준에 불과하다.[16]

빈곤선과 그 기준을 정하는 방법은 공리주의에서도 중요하게 다루는 내용이다. 공리주의 관점에서는 부자의 1달러를 가난한 사람에게 건네면 부자가 볼 손실보다 가난한 사람이 얻는 이득이 더 크다. 그러므로 소득을 이전시키지 않는 것은 경제적으로 비효율적이다. 만약 소득을 재분배한다면, 기존의 정부가 빈곤선을 계산할 때 쓰는 방법대로 한 가구에 필요한 최소한의 생필품 비용만 따져서 빈곤선을 정하지 말고, 사회의 생산력과 과학 지식이 증대한 만큼 구성원에게 질적으로나 양적으로 더 나은 재화와 서비스를 제공하는 사회 역량이 반영된 수치를 기준으로 해야 한다. 사람들의 필요는 고정불변의 것이 아니라 사회가 발전하면서 함께 증가하기 때문이다.

경제학은 어떻게 내 삶을 움직이는가

공리주의 관점에 따르면 소득 재분배를 위한 빈곤선은 최저 소득이 아닌 평균 소득을 기준으로 해야 한다. 평균 소득으로 빈곤선을 정할 경우 미국은 대다수 가구가 빈곤층에 해당한다. 전체 가구 가운데 64%가 가구당 평균 소득에 못 미치는 돈을 벌고 있다.[17]

부자의 입장에서 보면 엄청난 돈이 걸린 문제이니만큼 경제학자가 조만간 파레토 효율성 개념을 버리고 공리주의자가 될 가능성은 희박하다. 그러니 우리 같은 중산층과 서민은 주류 경제학자의 주장을 무시하는 법을 배워야 한다. 그러지 않으면 계속해서 늑대에게 잡아먹히는 양 떼 신세로 남을 수밖에 없다. 파레토는 현재 상태를 바꾸어야 할 아무런 이유도 발견하지 못할 테니까.

물론 경제학자는 소득 재분배에 반대할 뿐 아니라 불평등을 양산하는 시스템을 정당화하는 이론도 갖추고 있다. 2부에서 다룰 주제가 바로 임금을 결정하는 방식이다.

ECONOMICS
FOR THE REST OF US

2부

'임금이론'은 어떻게
내 삶을 움직이는가

자유시장은 노동자가 그들이 생산하는 재화의 가치만큼 임금으로 되돌려 받을 수 있도록 보장한다. 정부가 개입해 인위적으로 보수를 조정하면 실업을 유발한다. 만약 정부가 법안을 마련해 고용주에게 임금을 더 많이 지급하라고 강제한다면, 이는 고용주가 노동자에게 해고통지서를 날리도록 만드는 셈이다. 연간 수천만 달러를 받는 경영자는 회사를 위해 연간 수천만 달러어치의 재화를 생산한다는 것일까? 과연 우리는 어떤 기준에 의해 어떻게 임금을 받고 있을까?

8장

임금은
어떤 기준으로 주는 돈인가?

임금 불평등은
당연한 결과다

2007년 미국 노동자는 1인당 9만 5,000달러어치의 재화와 서비스를 생산했다.[1] 이들이 최고경영자이든 생산직 노동자이든 금융 산업 종사자이든 농업 종사자이든 이 정도 급여를 받았다면, 모든 가정이 그저 잘 사는 정도가 아니라 풍요로운 삶을 누릴 수 있었을 테다. 물론 이는 현실과는 거리가 먼 이야기다.

미국의 정규직 노동자 가운데 무려 25%는 빈곤선에도 미치지 못하는 임금을 받고 있다.[2] 뉴욕 시에서는 소매점 직원 가운데 24%가 정규 근무를 하면서도 복지 혜택을 받아야 할 형편이다.[3] 하지만 경영자는 노동자가 받지 못한 것을 받고 있다. 2007년 S&P 500대 기업 최고경영자의 평균 보수는 1,050만 달러로 일반 노동자가 받는 금액의 344배였다.[4]

정부가 나서서 임금 불평등을 줄여야 하지 않을까? 그 답은 정부의 개입이 어떤 결과를 낳느냐에 달렸고, 정부의 개입이 미치는 영향력에 대해 경제학자들은 매우 다양한 이론을 제시했다. 오늘날 경제학 교과서에 실린 임금이론은 신고전파 경제학자인 존 베이츠 클라크(John Bates Clark, 1847~1938)가 처음 제시한 이론으로, 이 이론에 의하면 자유시장은 노동자가 그들이 생산하는 재화의 가치만큼 임금으로 되돌려 받을 수 있도록 보장한다.

정부가 개입해 인위적으로 보수를 조정하면 실업을 유발한다. 연간

2만 5,000달러를 벌어들이는 한 노동자는 연간 2만 5,000달러어치의 재화를 생산한다고 보면 된다. 만약 정부가 법안을 마련해 이 노동자의 고용주에게 이보다 임금을 더 많이 지급하라고 강제한다면, 이는 그 노동자에게 해고통지서를 날리도록 만드는 셈이다. 산출물이 2만 5,000달러어치인데, 직원에게 2만 5,000달러가 넘는 임금을 주고 사업을 유지할 수 있다고 생각할 고용주는 아무도 없기 때문이다.

고소득 경영자에게도 똑같은 이론이 적용되지만, 이들은 정반대로 많이 주지 않으면 문제가 된다. 연간 수천만 달러를 받는 경영자는 그 회사를 위해 연간 수천만 달러어치의 재화를 생산한다. 만약 정부가 경영자의 임금에 상한선을 두어 경영자의 생산성과 상관없이 그가 받는 '보수'를 묶어두려고 한다면 경영자는 좀 더 편한 일자리를 찾거나 일을 열심히 하지 않을 것이다.

신고전파 임금이론이 논리적으로 들릴지 모르지만, 고전파 경제학자 데이비드 리카도(David Ricardo, 1772~1823)는 이 이론이 나오기도 전에 이미 그 같은 생각에는 근거가 없다고 일축했다. 리카도는 각 노동자가 생산한 것을 정확하게 파악하는 일은 불가능하다고 지적했다. 이런 관점에서 보면, 생산성을 평가해 무엇인가를 결정하는 이론은 근본적으로 결함을 안고 있다.

오늘날에 적용할 수 있는 한 가지 사례를 들어보자. 대도시에서 택시한 대가 연간 총 10만 달러를 벌어들인다고 하자. 여기서 2만 5,000달러를 운전기사가 받고, 나머지는 택시 주인이 가져간다. 운전기사는 택시의 총 생산량에서 4분의 1만 기여한 것일까? 택시(경제이론에서 말하는 생산수단)가 없다면 운전기사(노동자)는 요금을 받지 못했겠지만, 운전기사가 없다면 택시도 요금을 받지 못했을 것이다. 택시와 운전기사가 함께 10만 달러를 생산했는데 각각 얼마나 생산에 기여했는지 구분하기란 불가능하다. 그렇다면 택시와 운전기사는 어떻게 이윤을 나눠 가질까?

세계에서 가장 유명한 경제학자 애덤 스미스(Adam Smith, 1723~1790)는 생산물을 분배하는 문제는 구성원 간의 협상력에 따라 결정된다고 설명했다(산출물에 대한 객관적 평가를 거쳐 분배된다는 현대 경제학자들과는 생각이 달랐다). 당연한 이야기지만 생산에 기여한 구성원이 택시 같은 자본재일 경우 협상에는 그 자본재를 소유한 주인이 참여한다.

만약 현대 경제학자들의 주장대로 임금 평등을 도모하는 정부의 어떠한 개입도 결국 실업을 유발한다면, 고전파의 임금이론에 따라 임금을 분배하면 어떻게 될까? 정부에서 택시 운전기사에게 연 10만 1,000달러를 지급하도록 의무화하면 택시 운전기사는 일자리를 잃게 될 것이다. 하지만 고전파 임금이론은 정부에서 운전기사의 임금을 정확히 명시하지 않고 다만 운전기사와 택시 주인이 받을 임금의 비율을 설정한다면, 정부가 개입하더라도 실업이 발생하지 않고 임금 평등도 증진할 거로 예측한다.

임금이론은 '고전파' 경제학자와 '신고전파' 경제학자를 구분하는 경계선이다. 일반적으로 리카도는 고전파의 마지막 주자로, 클라크는 신고전파의 선구자로 평가받는다.

이제부터는 두 가지 상반되는 임금이론이 어떻게 전개되었는지 그 과정을 따라가 보겠다. 정책 토론이나 노사 갈등에서 두 이론이 어떤 역할을 하는지 살피며, 각 이론의 타당성을 뒷받침하는 실증적 자료를 검토하겠다. 그리고 시장의 자기 조정 능력을 판단하는 데 이 두 이론이 얼마나 중요한 위치를 차지하는지 살펴볼 것이다.

애덤 스미스의 임금론

경제학사를 통틀어 가장 중요한 책이라고 평가해도 무방한 스미스의 《국부론(The Wealth of Nations)》은 1776년에 출간된 책으로, 부제를 붙인다면 '국가의 부는 어떻게 소수의 손아귀에 들어가고 마는가?'가 되어야 한다. 그의 주장에 의하면, 노동자는 '원시 상태'에서는 자신이 생산한 것을 전부 소유했다.

> 노동으로 얻은 생산물은 곧 자연보수 또는 자연임금과 같다. 토지 사유화
> 와 자본 축적이 진행되기 이전의 원시 상태에서는 노동으로 얻은 생산물
> 전체가 노동자에게 귀속되었다. 노동자에게는 그것을 함께 나누어 가져야
> 할 지주나 고용주가 없었다.[5]

하지만 토지 사유화가 등장했고, 이때부터 노동자는 생산물 일부를 지주와 자본가에게 넘겨줄 수밖에 없었다. 노동자는 생산에 이용하는 땅이나 자본을 소유하지 못했기 때문이다.

> 그러나 노동자가 노동생산물을 전부 향유하던 이 원시 상태는 토지 사유화와 자본 축적이 등장한 이후로 더는 존속할 수 없었다. (……) 토지가 사유화되자마자 지주는 노동자가 토지에서 재배하고 수확할 수 있는 거의 모든 생산물에서 일정한 몫을 요구했다. (……) 그 밖의 노동생산물에도 이처럼 이윤을 공제 당하는 일이 일어났다.

이렇듯 스미스에 의하면 자본가의 이윤은 노동의 소산물에서 공제한 것에 지나지 않는다. 하지만 자본가가 생산방법을 향상하는 데 기여했음을 스미스는 보지 못했던 걸까? 자본가가 기여한 바도 있으니 이윤을 챙기는 것은 당연하지 않을까? 스미스에 따르면 만약 노동자가 전체 생산물을 소유했더라면, 생산물 일부를 이용해 생산성을 더욱 향상했을 것이다.

> 만약 노동자가 그들의 생산물을 전부 소유하는 상태가 지속하였다면, 노동 분업이 불러일으킨 노동생산성 향상과 개선으로 노동자의 임금도 더불어 증가했을 것이다. 모든 물건이 점차 저렴해졌을 것이고, 모두 더 적은

노동량으로도 생산할 수 있었을 것이다.

스미스의 설명에 의하면 이 같은 향상과 개선을 촉진한 원동력은 토지 사유화가 아니다. 토지 사유화는 현저한 노동생산성 향상과 개선이 이루어지기 훨씬 전에 등장했다.

만약 자본가의 이윤이 그저 노동자가 생산한 생산물에서 공제한 것에 지나지 않는다면, 얼마나 많이 공제해야 하는지 무엇으로 결정하는가? 스미스에 의하면 이는 두 당사자 간의 협상력에 따라 결정된다. 보통은 자본가가 강자인데, 돈을 받기 전까지 버틸 수 있는 능력이 더 크기 때문이다.

노동자는 가능한 한 많이 받기를 바라고, 고용주는 가능한 한 적게 주기를 바란다. (……) 하지만 일반적으로 양측 가운데 어느 쪽이 협상에서 유리한 고지를 점하고 상대가 자기 조건에 따르게 할 수 있는지 예측하기란 어렵지 않다. (……) 이런 쟁의에서 고용주는 늘 훨씬 더 오래 버틸 수 있다. 그들이 더 부유하기 때문이다.

보통 자본가가 협상 우위에 서지만 그렇다고 늘 협상을 압도하는 것은 아니다. 스미스는 지역마다 임금이 다른데 이 차이가 생활비의 차이에서 기인하는 것은 아니라고 지적했다.

가난한 노동자가 물건을 구매하는 방식인 소매에서 팔리는 대다수 상품은 일반적으로 대도시와 외딴 지방에서 값이 같거나 대도시에서 더 저렴하다. (……) 하지만 대도시와 그 근교에서 노동자가 받는 임금은 거기서 몇 마일은 더 떨어진 벽지보다 20~25% 높은 경우가 많다.

고용주가 항상 같은 조건으로 협상을 끌어내지 못하는 이유는 양측의 소득 수준 외에도 협상력에 영향을 주는 요인이 있기 때문이다. (1) 노동자 연합의 힘, (2) 고용주 연합의 힘, 그리고 무엇보다 가장 중요한 요인은 (3) 노동조합을 분쇄하기 위해 공권력을 동원하는 고용주의 힘이다.

노동자는 노동임금을 올리기 위해 단합하는 경향이 있고 (……) 고용주는 노동임금을 낮추기 위해 단합하는 경향이 있다. 이런 사태들(파업과 노동쟁의)에 임하여 고용주는 늘 목소리 높여 치안판사의 협력을 요청하며, 하인과 노동자, 직인의 단합(노동조합)을 가혹하게 규제하는 현행법률대로 엄중하게 법을 집행해달라고 요구한다.

만일 노동자가 더 높은 임금을 받게 된다면 '국부(國富)'에 유익한가? 스미스에 의하면 그렇다. 노동자의 복지 자체가 국부이기 때문이다.

하층계급의 생활 여건이 나아지는 것이 그 사회에 유익하다고 봐야 하는가 아니면 손해를 끼친다고 봐야 하는가? 그 답은 첫눈에 보아도 아주 명백해 보인다. 하인, 노동자, 직인은 모든 강대국 구성원의 다수를 차지한다. 구성원 다수의 생활 여건을 개선하는 것은 결코 전체 사회에 손해를 끼치는 일로 간주할 수 없다. 대다수 구성원이 가난하고 비참하게 살아간다면, 그 사회는 절대 번영하는 행복한 사회일 수 없다. 국민 전체에 의식주를 공급하는 노동자가 자신의 생산물에서 정당한 몫을 취해 웬만큼 잘 먹고 입고 좋은 집에서 기거할 수 있어야 공평한 사회다.

하지만 신고전파 경제학자가 주장하듯 임금이 오르면 실업률이 증가하지 않겠는가? 스미스는 이 가능성은 고려하지 않았다. 실업률과 임금이 서로 무관하다는 것이 아니라 신고전파가 예측한 것과는 정반대로 움직인다고 생각했다. 실업률이 높으면 임금이 하락하고 실업률이 낮으면 임금이 상승한다는 것이다.

그렇다면 실업률에 변동을 일으키는 요인은 무엇일까? 임금이 아니라 노동시장 밖에서 일어나는 사건이다. "노동 수요가 몇 년 새에 갑자기 엄청나게 증가했거나 감소했기 때문에 노동 가격이 오르는 지역이 있는가 하면 노동 가격이 내려가는 지역도 있다." 어떤 사건이 이와 같은 영향을 미칠 수 있겠는가? 스미스는 한 가지 가능성으로 전쟁을 꼽았는데 다른 가능성도 많다. 인간이 초래한 사건뿐 아니라 기후 변화로 인한 흉년도 이에 해당한다. 만일 스미스가 현대에 살았더라면 서브프라임 모기지 사태 이후 나타난 소비와 투자 위축이 실업률 증가의 원인이라고 지적했을 게 틀림없다.

스미스는 자신의 책이 정부를 설득해 노동자 편에 서도록 유도하고 싶었지만 그런 일은 일어나지 않았다. 그가 사망하고 10년 뒤인 1800년, 영국 의회는 결사금지법(Combination Act)을 통과시켰다.

> 임금 인상 혹은 근무시간 단축 및 변경, 작업량 감소 등의 목적을 품고 단합 행위에 돌입하는 자는 (······) 최고 3개월까지 징역에 처하고, 그렇지 않으면 최고 2개월까지 감화원(House of Correction)에 수감할 수 있다.[6]

데이비드 리카도의 임금론

영국 경제학자 리카도는 스미스의 연구를 이어갔다.[7] 1815년 영국 지주들은 의회를 설득했고, 의회는 수입 곡물에 관세를 부과하는 곡물법을 통과시켰다. 공장을 소유한 기업가는 관세를 부과하는 것에 반대했는데, 곡물 가격이 오르면 임금이 오를 테고 그러면 이윤이 줄어드리라 생각했기 때문이다. 이 같은 상황은 런던 주식시장에서 중개인으로 일하던 리카도에게 일반적으로 가격이 어떻게 결정되는지 연구하는 계기가 되었다. 그는 두 가지 이론을 제시했다. 하나는 임금과 이윤에 관한 이론이고, 또 하나는 지대에 관한 이론이다.

임금과 이윤에 관한 리카도의 이론은 근본적으로 스미스의 이론과 다를 바 없다. 하지만 "한계생산성 체감"이라는 개념을 도입한 리카도의 지대이론은 경제학에 새로운 장을 열었다. 그는 이 개념이 농업에만 적용되며, 개별 노동자에게는 적용되지 않고 노동자와 그들이 이용하는 자본재를 한 단위로 묶어서 적용해야 한다고 생각했다. 다음 장에서 살펴보듯이 클라크는 나중에 이 개념을 개별 노동자에게 적용해 자신만의 임금이론을 만들었다.

리카도의 임금과 이윤이론

리카도에 의하면, 노동자는 자신이 생존하는 데 꼭 필요한 재화의 가치와 동일한 임금을 번다. 그는 이 임금을 노동의 "자연가격"이라 불렀다. 노동의 자연가격은 자연적으로 결정되는 게 아니라 '습관과 관습'에 따라 결정된다고 강조했다.

> 노동의 자연가격은 곡물과 생필품으로 추정할 수 있는데, 이를 불변하는 값으로 생각해서는 안 된다. 노동의 자연가격은 같은 나라에서도 시간에 따라 다르고, 나라마다 상당히 다르다. 이는 근본적으로 해당 국민의 습관과 관습에 달렸다.[8]

그렇다면 한 시기 또는 한 나라의 습관과 관습은 어떻게 결정되는가?

영국 정부가 곡물법을 승인했을 때 그랬던 것처럼 곡물 가격이 상승하면 임금이 오르는 이유는 무엇일까? 리카도는 스미스의 《국부론》에 나오는 내용은 잘 알고 있으리라 생각했기 때문인지 노동자와 고용주가 임금을 놓고 쟁의를 벌인다는 점과 당사자 간의 협상력에 따라 임금이 판가름 난다는 말은 하지 않았다.

리카도의 설명에 따르면, 이윤은 남는 돈이다. 한 회사가 시장에 나가 상품을 파는데, 다른 여러 회사도 똑같은 상품을 팔고 있다. 이 회사는 경쟁사가 책정한 가격 이상으로 가격을 올릴 수 없고, 그러므로 그들의 가격을 따라가는 "가격수용자"에 머문다. 회사는 시장가격에 상품을 팔아 매출을 올리고 이 돈으로 생산요소, 곧 원자재와 전기, 유지관리, 자본재의 마모(기계와 건물), 노동에 들어가는 비용을 지불한다. 이렇게 쓰고 남는 돈이 회사의 이윤이다. 따라서 회사가 한 상품에 부과할 수 있는 가격이 일정하다고 가정할 때, 임금이 올라가면 이윤이 떨어진다. 그 반대도 마찬가지다.

임금은
습관과 관습에 따라 결정된다

리카도의 모형에서 곡물 생산에 관여하는 주체는 셋이다. 땅을 소유한 지주, 품삯을 받고 일하는 농업 노동자, 자본재(말, 쟁기 등)를 소유한 자본가로 지주에게서 땅을 임대하고 노동자를 고용하는 농장주가 있다. 자본가는 생산된 식량을 팔아 이윤을 내고, 이것으로 지주에게 지대를 지불하며, 노동자에게는 임금을 지불한다. 임금은 앞서 설명한 습관과 관습에 따라 결정된다. 지대는 토지의 비옥도에 따라 결정되는데 이는 다음에 설명하겠다. 지대와 임금을 지불한 뒤에 남는 돈이 자본가의 이윤이다. 이는 자본가가 노동자에게 제공한 자본재와 농장 관리업무에 대한 비용이다.

물론 자본가는 언제든 자유롭게 농장 일을 그만둘 수 있다. 만일 농업으로 얻는 이윤이 제조업보다 떨어진다면, 자본가는 공장을 경영하는 쪽을 선택할 것이다. 그러면 공산품 공급량이 증대하면서 차츰 공산품 가격이 내려가고, 결국 농장에서 내는 이윤과 공장에서 내는 이윤이 균형을 이룰 때까지 공장 이윤이 감소할 것이다. 앞부분에서 소개했던 일물일가의 법칙에서 균형가격이 도출되듯이, 공급자 입장에서도 균형이윤의 법칙이 적용된다.

리카도는 분석 작업을 단순화하고자 세 가지 전제를 세웠다. 첫째, 각노동자는 같은 경작 도구 또는 자본재를 이용한다. 농업 노동자와 그가이용하는 자본재가 한 조를 이루는데, 리카도는 이를 측정 가능한 단위로 보고 "도스(dose, 투입량)"의 개념을 도입했다. 둘째, 토지 1단위는 1도스로 경작된다. 셋째, 도스는 상호 교환 가능한 단위로 각 도스 간 생산성에는 아무 차이가 없다.

토지는 저마다 비옥도에서 차이가 나고 등급을 매길 수 있으며, 비옥한 땅일수록 도스의 생산성도 더 높다. 농장주는 토지를 놓고 경쟁을 벌이므로 지대에는 해당 토지의 비옥도가 그대로 반영된다. 한 토지의 지대는 비옥도가 가장 낮은 토지와 비교했을 때, 두 토지에서 생산되는 곡물 가치의 차액만큼 올라간다.

리카도가 작업하면서 사용했던 수치를 그대로 인용한 〈표 8.1〉을 통해 1도스에 지급되는 보수(노동자의 임금과 자본가가 얻는 이윤의 합), 경작에 들어간 토지 단위, 지대의 관계를 설명할 수 있다.[9] 두 번째 열은 경작했을 때 각 토지에서 얻는 밀의 생산량(단위 1부셸은 약 36 *l* –옮긴이)을 나타낸다. 리카도는 이를 "도스의 한계생산물"이라고 불렀는데, 해당 토지를 생산에 추가할 때 늘어나는 총 생산물의 증가분을 보여주기 때문이다.

첫 번째 도스의 한계생산물로 총 생산량은 180부셸이 증가하고, 두 번째 도스의 한계생산물로 170부셸이 증가한다. 이런 식으로 계속해서 이어지는데, 이 수치가 조금씩 줄어드는 것은 각 토지의 비옥도가 조금씩 떨어진다는 사실이 반영되어 있다. 이런 점에서 "1도스와 1토지의 한계생산물"이라고 부를 수도 있었지만, 리카도는 토지는 경작에 들어가지 않을 때에도 늘 존재하는 것이므로 제외했다. 마지막 열인 "한계생산물 가치"는 둘째 열에 1부셸 가격을 곱한 값으로, 여기서 1부셸 가격은 50센트로 가정한다.

각 토지의 지대는 얼마일까? 이는 산출된 소득에서 1도스에 지급하는 보수를 뺀 값으로 결정된다. 1도스에 지급하는 보수가 82달러 50센트라고 치자. 가장 비옥한 토지를 임대한 자본가는 90달러어치 곡물을 팔 수 있다. 1도스에 지급하는 보수를 빼고 나서 지대로 쓸 수 있는 돈은 7달러 50센트가 된다. 자본가는 이 돈마저 독식하고 싶겠지만 기름진 땅을 얻으려는 다른 자본가와 경쟁해야 하므로 7달러 50센트를 지대로 지불할 게 분명하다.

투입량(도스)/ 토지 단위	1도스의 한계생산물 (부셀)	총 생산물 (부셀)	한계생산물가치 (1부셀 = $0.5)
1	180	180	$90
2	170	350	$85
3	160	510	$80
4	150	660	$75

■〈표 8.1〉 밀 생산

두 번째 토지에도 똑같은 계산 방법이 적용된다. 비옥도가 약간 떨어지는 토지를 임대한 자본가가 팔 수 있는 곡물은 85달러어치다. 이때 자본가는 1도스에 지급하는 보수 82달러 50센트를 빼고, 차액인 2달러 50센트를 지대로 지불할 수 있다. 하지만 이 경우 세 번째 토지를 임대하려는 자본가는 아무도 없을 것이다. 그 토지에서 얻는 곡물 가치는 80달러인데, 1도스에 들어가는 비용보다 적기 때문이다. 토지마다 다른 한계생산물가치는 〈그림 8.2〉에서 보는 바와 같다.

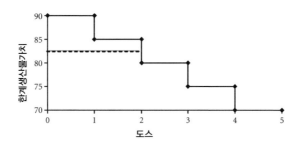

■〈그림 8.2〉투입 도스의 한계생산물가치

만약 1도스에 지급하는 보수가 85달러가 넘으면 어떤 일이 벌어질까? 이 경우 1도스를 추가로 투입할 수 없을 것이다. 하지만 1도스에 지급하는 보수가 80달러 아래로 떨어진다면, 1도스의 노동력을 추가로 고용할 수 있다.

투입 도스에 지급하는 보수를 고려하면 생산에 투입할 토지 단위도 자연스럽게 조정된다. 따라서 우리가 주목할 점은 비옥도가 가장 낮은 토지를 경작했을 때 1도스가 창출하는 한계생산물가치와 1도스에 지급하는 보수가 대략 일치한다는 사실이다. 이 사례에서 1도스에 지급해야 하는 보수는 82달러 50센트이고, 비옥도가 가장 낮은 토지를 경작하는 데 투입한 1도스의 한계생산물가치는 85달러이다. 만약 지급할 보수가 72달러 50센트라면 토지를 두 단위 추가할 것이고, 비옥도가 가장 낮은 토지를 경작하는 데 투입한 1도스의 한계생산물가치는 75달러가 되었을 것이다.

현실에서는 토지가 훨씬 많으므로 토지 비옥도 간의 차이도 훨씬 작다. 이는 〈그림 8.2〉에 보이는 계단 모양의 선이 완만하게 나타나고, 1도스에 지급해야 하는 보수는 가장 척박한 토지를 경작하는 데 투입한 1도스의 한계생산물가치와 별 차이가 없거나 같다는 뜻이다.

공업 부문
한계생산물가치

공업 부문에서는 노동자와 그들이 동일하게 이용하는 자본재가 결합한 도스 단위로 생산이 수행되지 않고, 다수의 노동자로 구성된 팀 단위로 수행되는 경우가 많다. 이 생산 팀들은 각기 다른 기술과 기계를 이용해 각자의 과제를 수행한다. 농업과 달리 공업 생산에서는 토지의 비옥도가 아무런 기여를 하지 않는다. 그러므로 농업에서 도스의 한계생산물가치와 달리, 공업 생산 팀의 한계생산물가치는 〈그림 8.3〉에서 보듯 평평한 선이 된다.[10]

농업에서 도스 투입량의 수를 배로 늘린다는 것은 비옥도가 떨어지는 토지를 경작해야 함을 의미하지만, 공업에서 생산 팀의 수를 배로 늘리는 것은 생산성이 배로 증가함을 뜻한다.

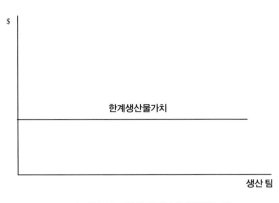

노동자의 임금은
노동자의 한계생산물가치와 동일한가?

농업에서 1도스에 지급하는 보수는 비옥도가 가장 낮은 토지를 경작하는 데 투입한 도스의 한계생산물가치와 같다. 공업에서는 각 팀의 한계생산물가치가 모두 동일하므로 각 팀에 지급하는 보수는 그 팀의 한계생산물가치와 같다. 그럼 임금 또는 이윤과 한계생산물가치 사이에도 이와 유사한 관계가 존재하는가? 노동자 한 사람의 임금은 노동자의 한계생산물가치와 같은가? 자본가가 얻는 이윤은 그들이 소유한 자본재의 한계생산물가치와 동일한가?

리카도에 따르면 노동자와 농장주(노동자가 사용하는 자본을 소유한 자본가)가 구성하는 도스의 생산물을 분배할 때 그 몫은 습관과 관습에 따라 결정된다. 어째서 한계생산물가치에 따라 결정되지 않는 걸까? 자본재가 없으면 노동자의 생산물은 0이고, 노동자가 없으면 농장주의 생산물 역시 0의 값을 가진다. 한계생산물이 0이라고 해석하는 대신 노동자와 농장주는 하나의 도스를 구성하므로 생산성에서 분리할 수 없고 따라서 측정할 수 없다고 볼 수도 있다.

물론 농업에서만 자본재를 이용하는 것은 아니다. 앞서 살펴본 대로 택시가 없으면 운전기사는 운송 서비스를 제공할 수 없고, 운전기사가 없으면 택시 역시 마찬가지다. 이는 운전기사와 택시의 한계생산물가치가 0 또는 측정이 불가능하다는 의미다.

노동자 개인이나 기계 한 대의 한계생산물은 측정할 수 없는 경우가 많다. 공동으로 진행하는 작업은 거기에 참여하는 모든 노동자와 기계를 한 단위로 묶어 측정한다면 모를까 각각의 한계생산물을 따로 측정하기 어렵다.

예를 들어 고층 빌딩을 건설한다고 하자. 여기에 참여하는 모든 노동자와 사용하는 장비, 그러니까 굴착기로 땅을 파고 흙을 퍼다 옮기는 운전자, 콘크리트 펌프로 콘크리트를 때려 박는 노동자, 철골 구조물을 세우고 크레인으로 철골을 운반하는 노동자와 배관공, 전기공이 이용하는 모든 장비는 하나의 팀이다. 그리고 이 팀의 한계생산물은 고층 빌딩 한 채다. 그러나 노동자 개인과 이들이 이용하는 장비 각각의 한계생산물을 따로 측정하기는 불가능하다. 이를 잘 설명하는 러시아 전래동화가 하나 있다.

커다란 순무 이야기

옛날에 한 농부가 순무가 먹고 싶은 마음에 순무를 하나 뽑으려고 밭에 나갔다. 순무를 움켜쥐고 힘껏 당겼는데 아무리 힘을 줘도 꿈쩍도 하지 않았다. 농부는 아내에게 도움을 요청했다.

"여보, 나 좀 도와주구려. 내가 순무를 뽑으려고 있는 힘을 다했는데도 이놈의 순무가 당최 뽑히질 않아."

그래서 순무를 뽑으려 하는 남편을 아내가 뒤에서 붙들고 힘껏 당겼는데도 순무가 뽑히질 않았다. 그러자 농부와 아내는 아들에게 도움을 청했고, 그래도 효과가 없어 딸에게도 도움을 청했다. 이렇게 한 사람, 한 사람 농장에 있는 모든 사람과 한 마리, 또 한 마리 농장에 있는 모든 동물에게 순무가 뽑힐 때까지 도움을 청하게 되었다.

농부가 순무를 잡아당기고, 아내가 농부를 잡아당기고, 아들이 엄마를 잡아당기고, 딸이 오빠를 잡아당기고, 암소가 딸을 잡아당기고, 수소가 암소를 잡아당기고, 돼지가 암소를 잡아당기고, 개가 돼지를 잡아당기고, 고양이가 개를 잡아당겼지만 그래도 순무는 뽑히지 않았다. 더는 부를 사람이 없어 그들은 농장에 있는 마지막 동물인 생쥐를 불렀다.

"생쥐야, 우리 좀 도와다오. 우리가 있는 힘껏 당겼는데도 순무가 당최 뽑히질 않아."

그렇게 생쥐가 힘을 보태고 나서야 순무가 쑥하고 뽑혔다.

여기서 생쥐의 한계생산물은 무엇인가? 생쥐가 없었으면 순무를 손에 넣을 수 없었을 테니 순무는 몽땅 생쥐의 한계생산물이다. 그러면 함께 작업한 다른 사람이나 동물의 한계생산물은 무엇인가? 그들이 아니었다면 순무가 뽑히지 않았을 테니 역시 순무가 몽땅 그들 각자의 한계생산물이다. 나머지 구성원이 없었더라면 순무는 뽑히지 않았을 것이므로 각 구성원의 한계생산물은 0의 값을 가진다고 할 수도 있다.

하지만 팀의 구성원은 자신의 한계생산물가치를 대가로 받을 수 없다. 순무가 하나밖에 없기 때문이다. 분명한 것은 생산자가 순무를 어떻게 나눠 가질 수 있는지, 또는 어떻게 나눠 가져야 하는지 생산 과정을 봐서는 알 수 없다는 점이다. 물론 모두가 순무를 공평하게 나누기로 합의를 볼 수도 있다. 하지만 현실에 충실한 결말을 낸다면 누군가는 스미스와 리카도의 임금이론에 따라 "가장 큰 몫"을 챙겼을 것이다.

9장

우리의 노동은
측정 가능한가?

19세기에는 대개 해가 떠서 해가 질 때까지 일을 했고, 임금은 시급이 아닌 일당으로 계산했다. 1884년 미국 노동자는 8시간으로 근로 시간을 단축하기 위해 시위를 벌였고, 마침내 다 함께 힘을 집결할 목표 일을 정했다. 바로 1886년 5월 1일이었다. 이날 시카고를 비롯한 미국 전역에서 노동자들이 파업 시위에 동참했다. 시위는 내내 평화적으로 진행되었다. 하지만 이틀 뒤인 5월 3일, 시카고 경찰이 맥코믹 수확기 공장 소속의 비무장 시위대를 향해 발포하여 노동자 6명이 목숨을 잃었다.

이에 격분한 노동자들이 이튿날 시카고의 헤이마켓 광장에서 시위를 벌였고 경찰은 시위대 진압에 나섰다. 노동자를 공격하는 경찰 사이에서 폭발물이 터져 경찰 한 명이 죽었고, 경찰은 즉각 군중을 향해 총을 난사했다. 정확한 사상자 수는 알려지지 않았는데, 노동자 가족이 당국에 신고하기를 두려워했기 때문이다. 경찰도 여럿 다쳤다. 대부분 다른 경찰이 쏜 총알에 맞아서였다.[1] 헤이마켓 대학살이 벌어지고 나서 노동운동 지도자 8명이 체포되었다. 이들은 "불온한 연설을 하고 유인물을 배포해 사회를 선동한 죄"로 사형 선고를 받았고, 이 가운데 4명은 교수형에 처했다.[2] 이러한 사회적 갈등을 지켜보던 컬럼비아 대학교 경제학 교수 클라크는 경제학자가 풀어야 할 숙제를 제시했다.

노동자 계층의 복지는 그들이 임금을 얼마나 받느냐에 달렸다. 하지만 다른 계층을 향한 그들의 태도, 그리고 그에 따른 사회 안정은 그들이 받는

경제학은 어떻게 내 삶을 움직이는가

임금이 많든 적든 일반적으로 그들이 생산한 만큼 대가를 받고 있는가 하는 문제에 달렸다. 만약 그들이 소량의 부를 생산하고도 전부를 받는다면, 사회를 변혁하려 들지 않을 것이다. 하지만 그들이 많은 양을 생산하고도 조금만 받는 것처럼 보인다면, 다수의 노동자는 혁명가가 될 테고 또 마땅히 그럴 권리가 있다.

우리 사회는 '노동 착취' 혐의로 고발장을 받아들었다. "노동자는 자신이 생산한 것을 규칙적으로 강탈당하고 있다. 게다가 법의 테두리 안에서 경쟁이라는 이름으로 자연스럽게 이뤄지고 있다"는 내용이다. 만일 이런 혐의가 사실로 입증된다면 올바른 생각을 지닌 사람은 모두 사회주의자가 되어야 마땅하다. 또 이 산업 체제를 변혁하려는 그들의 열정은 정의감의 척도이고 표현이다. 하지만 이 고발이 정당한지 판단하려면 우선 생산 활동을 분석해야 한다. 산업의 생산물을 해체하여 각 생산요소를 살펴야 자연스러운 경쟁의 결과로 사회가 각 생산자에게 그가 실질적으로 창출한 부의 양만큼 분배하는지 그렇지 않은지 판단할 수 있다.[3]

클라크는 이 숙제를 자신이 직접 풀었다. 1899년 그는 "자연스러운 경쟁의 결과로 사회가 각 생산자에게 그가 실질적으로 창출한 부의 양만큼 분배하는지"를 다룬 새 임금이론인 한계생산성이론을 발표했다(같은 시기에 유럽의 또 다른 경제학자 파레토는 공리주의와 소득 재분배의 필요성을 주장하는 자들에 맞서 싸움을 벌이느라 분주했다). 클라크의 이론은 노동자가 그들의 한계생산물가치만큼 임금을 받고 있다고 주장하는 내용이다.

노동의 한계생산성은
측정 가능한가?

리카도는 도스의 한계생산물가치에 대한 자신의 분석을 노동자의 임금 혹은 노동자가 이용하는 자본을 소유한 자본가의 이윤을 분배하는 문제에 적용할 수 없다는 점을 분명히 밝혔다. 공동으로 생산물을 창출하는 팀에서 한 구성원이 생산한 가치를 분리할 수 없기 때문이다. 하지만 클라크는 이 점을 가볍게 무시해버렸다. 그가 경제학에 지대하게 기여한 업적은 임금이 노동자의 한계생산물가치로 결정된다고 주장한 것이다. 리카도와 달리 클라크는 노동자 개인의 한계생산물가치를 계량화할 수 있다고 여겼다. 그는 증기선을 예로 들어 이 점을 설명하고, 다른 모든 산업도 이와 마찬가지라고 논리를 확대했다.

선원 100명으로도 증기선을 운항할 수 있지만 105명으로 운항하면 그 결과가 더 좋을 것이다. (……) 이렇게 추가로 새 인부를 고용할 때, 새 인부는 그들이 창출한 생산물을 제 몫으로 얻는다. (……) 제분소, 광산, 상점, 제철소 등지에서도 고용주의 소득에 아무런 영향을 미치지 않고, 좁은 폭에서나마 추가로 고용되는 사람이 있기 마련이다. 이런 식으로 새 인부를

고용하는 경우에는 그 인부가 자신이 창출한 생산물을 제 몫으로 얻는다.[4]

"고용주의 소득에 아무런 영향을 미치지 않는다"는 의미는 노동자가 추가로 투입되어도 자본재는 추가로 투입되지 않는다는 뜻이다. 이는 클라크가 자기 이론을 전개하는 데 있어 꼭 필요한 조건이다. 그렇지 않으면 노동자가 일할 때 사용하는 자본재(고용주가 소유한)와 공동으로 창출하는 생산물에서 추가로 투입된 노동자의 한계생산성만 분리해내는 것이 불가능하기 때문이다.

안타깝지만 클라크 본인이 사용한 사례에서도 이 조건을 만족시키기가 불가능하다는 점이 드러난다. 배에 선원을 새로 추가하면 연료와 식량도 추가로 투입해야 하고, 주거 공간도 더 마련해야 한다. 증기실에서는 연료로 쓰는 석탄을 더 많이 때야 할 테고, 주방에서는 음식을 더 많이 만들어야 하며, 화장실에서는 쓰레기를 더 많이 처리해야 한다. 선원 규모가 커진 만큼 항해사를 추가로 고용할 필요도 있다.

이렇게 선원을 추가로 고용하는 데는 자본 투입이 필요하다. 또 배를 운항하는 것은 공동 생산이므로 선원 한 사람의 한계생산물을 측정할 수 있다는 클라크의 방법은 애초에 불가능하다. 이것도 문제이지만 선장이나 요리사를 한 명 더 추가할 경우 "운항 결과가 더 좋아진다"는 전제도 수긍하기 어렵다.

이후 클라크는 물론 어떤 경제학자도 노동의 한계생산물을 측정할 방법을 제시하지 못했다. 자본재를 추가 투입하지 않고 노동자만 추가 투입하는 생산 활동을 찾기 어렵고, 노동자 한 사람의 한계생산물가치를 분리해낼 수 없기 때문이다.

아스팔트 포장 공사를 하는 현장 사진을 보자. 현장에 아스팔트 롤러 기술자나 덤프트럭 운전자를 추가로 고용한들 롤러나 트럭을 추가로 들여오지 않는다면 무슨 일을 하겠는가? 관리자를 추가로 고용한들 새로 관리할 종업원이 없다면 무슨 일을 하겠는가? 아스팔트를 포장할 수 없다면 도로는 완성되지 않을 것이고, 아스팔트 포장 팀에서 일하는 각 노동자의 한계생산성은 0이다. 아스팔트 포장 공사 팀의 한계생산성도 0의 값을 가진다. 아스팔트 포장 공사 팀은 생산적이지만, 노동자든 장비든 각 구성원의 생산성을 따로 떼어내 계량화할 수 없다.

실제로 노동의 한계생산물을 측정했다는 회사는 단 한 군데도 없다. 그래도 클라크와 신고전파 경제학자들은 노동의 한계생산물가치 곡선을 이용한다. 이것도 리카도가 농업에서 도스에 대한 한계생산물 곡선으로 사용한 것을 그대로 베껴 쓰고 있다. 정작 리카도는 자신의 한계생산성 이론이 농업 생산성에만 적용되고, 농업에서는 도스의 한계생산성을 체감하지만 공업에서는 그렇지 않다고 주장한 바 있다.

신고전파 경제학자는 리카도가 제시한 조건을 전부 제거하고, 노동자 한 사람의 한계생산성을 함께 작업하는 팀의 한계생산성에서 분리할 수 있다고 주장했다. 장비나 자본재를 추가하지 않고도 노동자를 생산에 추가로 투입할 수 있다는 것이다. 이런 식으로 노동자를 생산에 투입할 때 노동의 한계생산성을 체감할 수 있다는 주장이다. 게다가 이 세 가지 주장을 특수한 경우에 한정하지 않고 모든 생산에 공통으로 적용했다.

〈그림 9.1〉은 신고전파인 클라크가 주장하는 임금이론을 나타낸다. 종류에 상관없이 재화를 생산하는 모든 노동자의 한계생산물가치는 그림과 같고, 한계생산물가치 곡선은 우하향한다. 이는 리카도가 농업의 생산단위인 도스에 적용했던 한계생산물가치 곡선을 그대로 모방한 것이다. 임금이 W_0일 때 노동력은 L_0까지 고용된다. 하지만 임금이 W_1로 인상되면 노동력은 L_1만큼만 채용할 수 있다. 노동자의 한계생산물이 감소하기 때문이다.

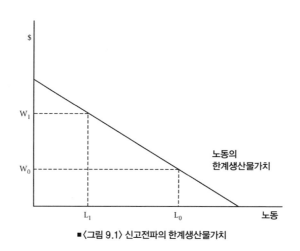

■〈그림 9.1〉 신고전파의 한계생산물가치

어느 경우든 마지막으로 고용된 노동자는 자신의 한계생산물가치만큼의 임금을 받는다. 다시 말해 그가 생산한 생산물의 가치만큼 보상받는다. 또 노동자는 상호 교환이 가능하므로 누구라도 마지막으로 채용된 노동자가 될 수 있고, 따라서 모든 노동자는 자신이 생산한 생산물의 가치만큼 임금을 받는다.

클라크는 추가로 고용된 노동자의 생산물을 분리해 계량화할 수 있고 노동자의 한계생산물을 체감한다고 속임수를 부림으로써 자신의 임무를 완수했다. 이제 우리는 "자연스러운 경쟁의 결과로 사회가 각 생산자에게 그가 실질적으로 창출한 부의 양만큼 분배하는지"를 눈으로 확인할 수 있게 되었다. 만약 노동자의 임금 인상 요구가 충족된다면 그 결과는 실업으로 나타날 것이다.

이 주장의 문제는 노동의 한계생산물가치는 존재하지 않는다는 것이다. 〈그림 9.1〉과 같은 한계생산물가치 곡선은 허구다. 노동의 한계생산물가치는 공동으로 일하는 팀의 생산물에서 분리할 수 없다. 자본재나 다른 노동자를 추가로 투입하지 않고 노동자를 한 명씩 생산에 추가할 수 없기 때문이다.

그렇다면 경제학자는 학생을 가르칠 때 노동의 한계생산물을 분리할 수 있고, 노동 투입이 증가하면 한계생산을 체감한다는 주장을 어떻게 이해하게 할까? 그들이 인용하는 근거 자료는 무엇일까? 그런 증거는 없으므로 경제학 교수들은 쓸 만한 비유를 직접 만들 수밖에 없다. 위키피

디아 노동경제학 항목에 글을 올린 이는 이렇게 썼다.

> 예를 들어 트럭으로 재화를 운송하는 작업에 노동자를 고용한다고 해
> 보자. 이용 가능한 트럭(자본재)의 수는 고정되어 있다고 전제하고, 노동
> 투입량에 변화를 주면서 그에 따른 효율성을 측정할 수 있다. 여기서 노
> 동자 한 명(운전자)은 기본으로 고용된 상태다. 그리고 차량 한 대당 투입
> 되는 추가 인력은 화물 상·하차 작업이나 운전, 또는 24시간 운행에 교대
> 로 투입되어 일할 수 있다. 하지만 일정 수준 이하로는 노동에 대한 투자
> 수익률이 감소하기 시작할 테고, 효율성은 떨어질 것이다. 아무래도 이 경
> 우에는 운전사 한 명에 다른 작업을 처리할 노동자 한 명을 추가하는 것이
> 장비 한 대당 가장 효율적인 노동력 분배다. 트럭 한 대당 노동자 5명보다
> 는 노동자 2명이 더 효율적일 것이다.[5]

반스앤노블스(Barnes&Nobles's) 출판사에서 나온 《스파크 노트(Spark
Notes)》교재에 의하면 이렇다.

> 이를테면 소규모 가구 공장에서 노동자를 고용하는 상황을 상상해보자.
> 첫 번째 노동자는 자기 일거리를 찾아 높은 생산성을 올릴 것이다. 두 번
> 째 노동자도 그에 못지않은 생산성을 올릴 수 있다. 하지만 열여섯 번째
> 노동자는 가구를 만들기에는 공간이나 장비가 부족해 아무것도 만들지 못

할 공산이 크다. 두 번째 노동자부터 열여섯 번째 노동자까지 한계생산성이 점차 떨어지는 것을 볼 수 있고, 이런 경향을 일컬어 수확체감의 법칙이라 한다. 노동자를 추가하면 전체 생산성에는 보탬이 되지만, 각 노동자가 기여하는 바는 점차 줄어들어 마침내는 한계생산물 값이 0이 된다.[6]

앞서 파레토 효율성을 논하며 언급했던 유명한 교재 《중급 경제학(Intermediate Economics)》에서도 저자인 베리언은 "모든 생산요소에는 수확체감의 법칙이 존재한다"고 했다. 베리언은 또 이것이 사실 법칙은 아니고 "대부분의 생산 과정에서 나타나는 공통된 특징일 뿐"이라고 덧붙였다.[7] 그리고 "대부분 생산 과정에서 나타나는 특징"이기 때문에 노동의 한계생산물가치는 유일한 임금이론이라고 제시한다.

이 같은 주장을 펴는 사람들의 문제는 일상적인 경험에 단단히 기반을 둔 것처럼 말하지만, 정작 우리가 일상에서 경험하는 내용과는 상충한다는 것이다. 먼저, 현실에서는 저자들이 인용한 사례 자체가 그들이 묘사하는 바와 전혀 다르다. 건설 현장으로 골재를 운송하는 덤프트럭은 이동 거리가 짧은 편이고, 골재 상·하차 시에 운전사나 인부를 추가로 고용할 필요가 없다. 시멘트 트럭도 마찬가지다. 콘크리트 펌프를 통해 자동으로 처리하기 때문이다.

결국 앞의 사례에서 추가 고용된 두 번째 운전사의 한계생산성 값은 0이 되겠지만, 따져보면 원래 운전사의 한계생산성도 마찬가지다. 트럭

없이는 그 역시 아무것도 운반하지 못했을 테니 말이다. 그런데 어떻게 트럭이 노동자의 한계생산성을 체감한다는 사실을 보여주는 사례가 되며, 노동자의 한계생산물가치가 노동자의 임금을 결정한다는 것을 보여주는 사례로 쓰일 수 있단 말인가?

《스파크 노트》에 실린 주장, 즉 가구 공장에서 일할 두 번째 목수의 한계생산성은 높고 열여섯 번째 목수의 한계생산성 값은 0이라고 하면서 그 사이에 고용되는 목수의 한계생산성이 점차 감소할 것이라는 주장도 의문스럽다. 목수는 각자 작업대 위에서 도구를 이용해 작업한다. 리카도가 말하는 생산단위 도스는 이런 생산 활동에 딱 들어맞는 사례가 아닌가 싶다. 개인의 숙련도에 따른 차이를 제외하면, 모든 도스의 한계생산물이 같고 작업대나 도구가 없는 목수 한 사람의 한계생산물 값은 0이된다.

더욱 큰 문제는 한계생산성이 임금을 결정한다는 이론에 부합하지 않는 게 뻔한 일상생활의 사례를 들어 호도하고 있다는 점이다. 왜 트럭은 사례로 들면서 택시와 버스는 언급하지 않는가? 택시나 버스는 운전사의 한계생산성을 그들이 이용하는 자본재로부터 분리할 수 없다는 사실이 자명하기 때문일까? 왜 학생들이 거의 본 적 없는 가구 공장은 사례로 들면서, 공동 생산임을 명백하게 보여주는 건설 현장이나 도로 포장 공사 현장에는 주목하지 않는가? 학생들이 흔히 접하는 생산 과정은 자신의 주장과 상충하는데도 어떻게 베리언은 노동의 한계생산성을 체감하는 것을 "대부분의 생산 과정에서 나타나는 특징"이라고 설득할 수 있었을까?

클라크가 자신이 착취당한다고 느끼는 노동자들로 인한 사회 갈등을 두려워했다는 사실과 클라크를 두려움에 떨게 했던 역사적 사건들을 학생들이 알았다면, 아마도 예민하게 클라크의 설명을 주시했을지도 모른다. 하지만 이 같은 논의는 이뤄지지 않은 채 클라크가 마치 과학적 관측인 양 제시하는 노동의 한계생산체감 이론을 가감 없이 받아들였고, 교사가 되어서는 그들 역시 이 날조된 이론을 전수했다. 클라크는 경제학자의 존경을 한몸에 받는 인물이다. 전미 경제학회는 매년 경제학 분야에 지대한 기여를 했다고 평가되는 40세 미만의 미국 경제학자에게 존 베이츠 클라크 메달을 수여한다.

경제학은 어떻게 내 삶을 움직이는가

10장

우리는 성과에 따라
보상받고 있는가?

20세기 초, 노동자 개인의 한계생산성을 분리할 수 있다고 주장한 신고전파 이론이 경험적 관찰에 근거해 그것을 분리할 수 없다고 밝힌 고전파 경제학의 임금이론을 대체했다. 새로운 왕좌를 차지한 이론을 뒷받침하는 실증적 증거는 있는가? 없다. 노동자 개인의 한계생산성을 공동으로 작업하는 팀의 생산성에서 분리해 측정한 적이 있는가? 그런 일은 없었다.

어찌 보면 당연하다는 생각도 든다. 신고전파가 주장하는 한계생산물가치 임금이론이 잘못되었다는 증거는 우리 주변에서 흔히 찾아볼 수 있다. 운전사와 버스의 생산성에서 운전사의 생산성만 따로 떼어낼 수가 없는데 어떻게 한계생산물가치 임금이론이 운전기사의 임금을 설명할 수 있겠는가? 버스 운전기사와 버스에 적용되는 진리는 팀 생산에서 개별 구성원의 기여도만 따로 측정할 수 없다는 사실을 자기에게 유리하게 써먹는 최고경영자에게도 똑같이 적용된다.

행크 맥키넬(Hank McKinnell)은 2001년 화이자 제약의 최고경영자로 취임했고, 그가 재임하는 5년 동안 화이자 제약의 주가는 46%나 하락했다(〈그림 10.1〉). 그런데 맥키넬은 이 기간에 보수로 6,500만 달러를 챙겼다. 주주총회 질의응답 시간에 화이자 제약 주주인 정형외과의사 라제쉬 쿠마르(Rajesh Kumar)는 맥키넬이 이런 실적을 기록하고도 자기가 의사로 꼬박 일 년이 걸려야 벌어들이는 돈을 어떻게 이틀 만에 벌었는지 이유를 물었다. 물론 맥키넬에게는 그 질문에 대답할 의무도, 그가 받은 돈을 반

납할 의무도 없었다.

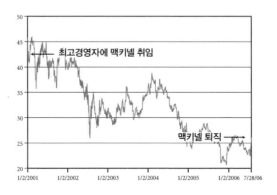

■ 〈그림 10.1〉 맥키넬 재임 기간 중 화이자 제약의 주식가치

출처: http://iproceed.com/images/pfizer-stock-chart.jpg

　맥키넬은 주주들의 분노로 자리에서 물러날 때도 퇴직금 1억 8,000만 달러를 추가로 받았다. 한계생산물을 따로 분리해 평가할 수 없어서 이 사회를 비롯한 누구도 화이자 제약의 주가 폭락이 맥키넬 회장 개인이 창출한 한계생산물이라고 증명할 도리가 없었다. 또 그가 6,500만 달러 어치의 생산물을 개인적으로 창출한 적이 없다는 사실도 보여줄 수 없었다. 화이자 제약의 보상위원회(compensation committee) 위원장인 다나 G. 미드(매사추세츠 공과대학교 이사회 의장이기도 하다)는 맥키넬은 '시장 원리'에 입각해 보상받았을 뿐이라고 설명했다.[1]

10장 우리는 성과에 따라 보상받고 있는가?

2007년부터 2008년까지 이어진 미국 드라마 작가의 장기 파업은 한 팀이 창출한 생산물을 분배하는 문제가 힘의 논리를 따른다는 사실을 분명하게 보여주었다.

시청자는 드라마의 성패를 좌우하는 데 작가의 공이 가장 크다고 여길지 모르지만, 현실에서 그들이 받을 임금을 결정하는 것은 그들이 맡고 있는 중요한 역할이 아니라 다른 작가들과 연합해 고용주에게 대항하는 능력에 달렸다. 고용주는 애초에 자신의 돈이 있기에 드라마를 찍을 수 있다고 주장한다.

대부분 경우 노동자 개인의 한계생산물이나 자본재의 한계생산물을 그 팀의 생산물에서 분리해낼 수 없다는 사실은 실험으로 입증할 필요조차 없을 만큼 명백한데도, 경제학자가 어떻게 신고전파 임금이론의 근본적 결함을 그토록 당당하게 무시할 수 있는지 참 흥미로울 따름이다. 클라크가 한계생산물가치 임금이론을 고안해낸 지 85년이 지난 1984년에 경제학자 로버트 프랭크(Robert Frank)는 노동자의 한계생산성을 분리해낼 수 있는 직업을 찾다가 마침내 그것이 가능해 보이는 직업을 발견했다. 바로 영업직이다.

프랭크는 영업직 종사자가 그들의 한계생산물가치만큼 보수를 받고 있는지 조사했고, 그렇지 않다는 사실을 알아냈다. 실제로 영업사원의 한계생산성을 분리할 수 있는지, 또는 영업사원과 그가 일하는 회사가 한 팀으로 일하는지 명확지 않기 때문에 프랭크가 조사한 자료가 타당성을 얻기는 힘들다.

2001년 경제학자 올리 아센펠터(Orley Ashenfelter)와 스테판 주라즈다(Štěpán Jurajda)는 또 다른 방식으로 한계생산물가치 임금이론의 타당성을 시험했다. 만약 노동자의 한계생산물을 분리해서 측정할 수만 있다면, 같은 도구를 이용해 같은 노력으로 정확히 동일한 생산물을 생산한 2명의 노동자는 같은 임금을 벌어야 마땅하다. 아센펠터와 주라즈다는 임금이론에 따라 한계생산성이 동일한 노동자 사이에서도 임금 불평등이 엄청나다는 사실을 알아냈다.

성과에 따라
보상받는다?

언뜻 보면 영업사원의 한계생산성을 측정하는 일은 무척 단순해 보인다. 프랭크도 그렇게 생각하고 조사에 들어갔고, 그가 조사한 자료는 "노동자는 한계생산성에 따라 보상받고 있는가?"라는 논문에 잘 나타나 있다.[2]

미국에서는 주택을 판매할 때 두 단계를 밟는다. 먼저, 판매자를 대변하는 부동산 중개인(listing agent)이 판매자와 접촉하고, 회사는 거래정보망(MLS) 사이트에 매물을 올린다. 이렇게 올라온 매물 정보는 모든 부동산 중개회사와 중개인이 공유한다. 다음으로, 사이트에 올라온 정보를 보고 부동산 중개회사나 중개인이 구매자를 물색한다. 판매자 쪽 중개인이 소속된 중개회사는 보통 주택 판매자가 지불하는 부동산 중개비의 40%를 받는다. 그리고 구매자를 대변하는 부동산 중개인(selling agent)이 소속된 중개회사는 중개비의 60%를 받는다. 이들 회사는 자신이 고용한 중개인과 부동산 중개비를 나눠 갖는다.

프랭크는 판매자 쪽 부동산 중개인의 한계생산성을 회사의 한계생산성에서 분리할 수 없다는 것을 알았다. 매물을 구해온 것은 중개인이지만 그 매물을 광고한 주체는 회사이기 때문이다. 그러나 구매자 쪽 중개인이 주택 구매자를 직접 찾아낸 경우는 엄밀히 말해 중개인 개인의 노력이고, 판매를 성사시키는 데 중개인이 소속된 회사가 기여한 것은 아무것도 없다. 그러므로 중개인이 소속된 중개회사가 5,000달러의 중개비를 받았고 그 금액이 중개인의 한계생산물이라고 할 때, 그가 자신의 한계생산물에 해당하는 가치만큼 임금으로 받아야 한다면 5,000달러를 전부 받아야 할 것이다(부동산 중개인이 회사에서 책상과 전화기를 사용하고 있지만 이런 비용은 고정 수수료에 포함되어야 한다).

하지만 부동산 중개인은 그가 소속된 회사에 따라 다르긴 해도 일반적으로 5,000달러에서 50~57.5%만 보수로 받는다. 프랭크는 부동산 중개인이 한계생산물가치만큼의 임금을 받지 못하고 있다고 결론지었다.

이와 비슷한 맥락에서 자동차 영업사원도 그들의 한계생산물가치에 훨씬 못 미치는 임금을 받고 있다. 보통 자동차 영업사원은 기본급에 더

해 그가 차를 팔아 창출한 수익의 약 25%를 받는다. 기본급 구조 자체가 한계생산물가치 임금이론에는 부합하지 않는다. 그러므로 자동차 판매원들도 한계생산물가치에 해당하는 임금을 받지 못한다는 것이 프랭크의 결론이다.

프랭크는 확신에 차서 결론을 내렸지만, 그가 인용한 사례에서 회사가 기여한 바가 있는지 없는지는 분명하지 않다. 구매자 쪽 중개인이 소속된 부동산 중개회사가 기여한 것이 전혀 없다면, 중개인이 애당초 그 회사에 들어갈 이유가 있겠는가? 자동차 영업사원 역시 자동차 대리점에서 아무 지원도 받지 않고 차를 팔 수 있다면 왜 집에서 혼자 일하지 않는가?

이들 사례에서 회사가 기여하는 부분은 고객에게 신뢰를 보장하는 것이다. 부동산 중개인이 주택의 상태를 구매자에게 제대로 알리지 않았다고 해보자. 만일 이 중개인이 다른 도시로 이사하거나 자산이 넉넉지 못하다면, 주택을 잘못 구매한 사람은 누구에게 손해배상을 청구해야 할까? 자동차 영업사원의 신뢰성은 더 큰 역할을 한다. 자동차가 고장 나면 구매자는 수리를 위해 대리점에 차를 맡긴다. 하지만 대리점이 없다면 구매자는 차를 어디에 맡겨야 할까?

노동자가 아무 자본도 없이 다른 노동자와 협업하지 않고 맨몸으로 일하는 경우도 있다. 이를테면 과일 수확이 그렇다. 하지만 이 경우에도 노동자는 혼자가 아니고 팀의 일원이다. 과일을 수확하려면 이전에 누군가 먼저 나무를 심고 물을 주고 농약을 뿌려야 하고, 과일을 수확한 후에는 누군가 시장에 내다 팔아야 한다. 그러므로 과일을 수확하는 노동자 한 사람의 생산물만 분리할 수 없다.

과일을 수확하는 미국의 농장 노동자를 보면서 우리가 알 수 있는 사실은, 정부가 집행하는 정책에 따라 고용주에 맞서는 노동자의 협상력이 결정되고, 결국 이 협상력에 따라 양측이 함께 생산한 생산물을 어떻게 분배할지가 결정된다는 것이다. 과일을 수확하는 일자리를 놓고 얼마나 많은 노동자가 경쟁을 벌이게 될지는 이민법에 따라 결정된다. 이민법을 느슨하게 집행하면 노동력이 해외에서 한없이 공급되는 셈이므로 농장 노동자의 임금은 결국 내려가고 미국인은 다른 일자리를 찾게 될 것이다.

한계생산물이 동일하다면 동일한 임금을 받는가?

노동자가 자신의 한계생산물가치만큼 임금을 받는다면, 한계생산물이 같은 두 노동자는 동일한 임금을 받아야 한다. 이를 확인하고자 경제학자 아셴펠터와 주라즈다는 전 세계적으로 노동자의 임금을 비교하는 연구를 했다.[3] 각 나라의 임금 수준을 서로 견주기 위해 세계적으로 같은 조건의 한 가지 직업을 택해 임금을 비교했다. 이 기준을 충족한 것이 맥도날드의 말단 직원이다. 사업장이 어느 나라에 있든지 업무가 같았기 때문이다. 그렇더라도 나라마다 통화가 다른데 임금을 서로 어떻게 비교했을까?

아센펠터와 주라즈다는 임금을 통화 단위로 측정하는 대신 빅맥으로 측정했다. 맥도날드의 노동자가 생산한 한계생산물이 시간당 빅맥 햄버거 2개라고 해보자. 한계생산물가치 임금이론에 따른다면, 맥도날드 노동자는 통화 단위에 상관없이 시간당 빅맥 2개의 가치만큼 임금을 받아야 한다. 빅맥 2개의 화폐 가치는 중요하지 않다. 중요한 것은 시간당 빅맥 개수를 기준으로 전 세계 임금이 같으냐는 것이다. 〈표 10.2〉에 아센펠터와 주라즈다가 알아낸 사실을 정리했다.

국가	계산원과 매장 점원의 근로 시간당 빅맥 개수(2000년 8월)
인도	0.23
콜롬비아	0.23
중국	0.36
인도네시아	0.36
베네수엘라	0.41
태국	0.43
필리핀	0.46
러시아	0.47
브라질	0.54
아르헨티나	0.60
말레이시아	0.70
한국	0.70

터키	0.75
체코 공화국	0.82
폴란드	0.86
대만	0.94
싱가포르	1.25
홍콩	1.42
이탈리아(2001년)	2.04
영국	2.11
독일	2.25
캐나다	2.40
미국	2.59
스웨덴	2.60
벨기에	2.65
프랑스	2.72
일본	3.04

■ 〈표 10.2〉 전 세계 빅맥 임금지수

표에서 볼 수 있듯이, 같은 한계생산물을 생산하지만 맥도날드 노동자가 받는 임금은 거주하는 나라에 따라 천차만별이다. 중국에서는 똑같은 일을 하고도 미국 노동자가 버는 빅맥의 7분의 1 수준밖에 벌지 못한다.

다음으로 아센펠터와 주라즈다는 제조업체와 건설업체 노동자의 임금을 달러로 환산해 비교했고, 전 세계 건설업체 노동자 간 임금 격차가 맥도날드 노동자의 임금 격차와 마찬가지로 차이가 심하다는 사실을 알아냈다. 이같이 임금이 차이가 나는 이유를 어떻게 설명할 수 있을까?

아센펠터와 주라즈다는 국가의 체제나 구조적 차이에서 임금 격차가 나타난다고 했지만, 그 차이점을 자세하게 설명하지는 않았다. 개발도상국에서는 시골에서 도시로 유입되는 노동자 때문에 경쟁이 치열하고, 또 최저임금법이 부재하다는 것이 저임금의 주된 이유이다. 스미스라면 노동의 과잉공급이 고용주에 대한 노동자의 협상력을 약화한다고 지적했을 것이다. 또 노동자가 가난한 만큼 최저임금법을 승인하도록 정부를 압박할 힘이 약하다는 설명도 가능하다. 분명한 사실은 두 경제학자가 조사한 자료는 한계생산물가치 임금이론과는 상충하지만, 고전파의 임금이론과는 부합한다는 것이다.

11장

최저임금을 강요하면
일자리가 줄어들까?

한계생산물가치 임금이론에 의하면, 시장에서 자연스럽게 결정된 임금보다 높게 정부에서 최저임금을 강제하면 회사는 노동자를 해고한다. 노동의 한계생산물가치 곡선은 흔히 우하향한다고 하는데, 이를 〈그림 11.1〉을 보면서 살펴보자. 임금이 자유시장에서 결정될 때 그 값은 W_c이고(c는 경쟁시장을 뜻함), 이 임금에서는 L_c만큼 노동자가 고용된다. 만일 임금을 W_{min}만큼 올리라고 법으로 강제하면(min은 최저를 뜻함) L_{min} 이상에 놓인 노동자의 한계생산물가치보다 고용주가 지불해야 하는 임금이 더 높아지는 상황이 갑자기 발생하고, 따라서 L_{min}과 L_c 사이에 놓인 노동자는 일자리를 잃게 된다.

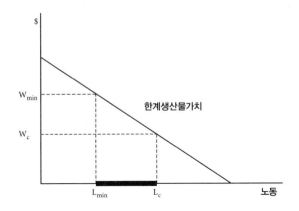

■〈그림 11.1〉 최저임금에 따른 고용 변화

11장 최저임금을 강요하면 일자리가 줄어들까?

최저임금에 대한
고용주들의 대응

최저임금이 인상되면 과연 고용주는 노동자를 적게 고용할까? 경제학자 데이비드 카드(David Card)와 크루거가 이 문제를 조사했다.[1] 1992년 4월 1일, 미국 뉴저지 주는 최저임금을 연방 정부가 정한 4달러 25센트보다 높은 5달러 5센트로 인상했다. 카드와 크루거는 최저임금법 시행한 달 전과 시행 8개월 후에 버거킹, KFC, 웬디스, 로이 로저스 등의 프랜차이즈 식당을 방문해 노동자 고용 상태를 조사했다. 두 사람은 이 체인점이 다른 소매점보다 최저임금법을 준수할 가능성이 더 높으므로 고용주가 최저임금 변화에 어떻게 대응하는지 잘 살필 수 있는 업종이라고 판단했다.[2]

최저임금법 시행 전후 9개월간 또 다른 경제변수도 있을 수 있으므로 최저임금 인상이 미치는 영향만 파악하기 위해 대조군(이웃한 펜실베이니아 동부에 있는 동일 체인점)을 선정했다. 같은 기간에 펜실베이니아 주는 종전대로 최저임금을 4달러 25센트로 유지하고 있었다. 〈표 11.2〉에 카드와 크루거가 알아낸 사실을 요약했다.

	뉴저지	펜실베이니아
인상 1개월 전(전일제 환산 기준)	20.40	23.30
전일제 직원 비율	32.80	35.00

임금 = 4달러 25센트(%)	30.50	32.90
한 끼 가격	3달러 35센트	3달러 4센트
영업시간(평일)	14.40	14.50
인상 8개월 후(전일제 환산 기준)	21.00	21.20
전일제 직원 비율	35.90	30.40
임금 = 4달러 25센트(%)	0.00	25.30
임금 = 5달러 5센트(%)	85.20	1.30
한 끼 가격	3달러 41센트	3달러 3센트
영업시간(평일)	14.40	14.70

■〈표 11.2〉 최저임금 인상 전후의 고용 변화

표를 보면 최저임금이 상승한 뒤에도 뉴저지에서는 사실상 고용인원에 변화가 없는 반면 펜실베이니아에서는 고용인원이 줄었다. 뉴저지의 한 가게는 변화 전에 평균 20명의 노동자를 고용했고, 그 후에는 21명을 고용했다. 펜실베이니아의 한 가게는 변화 이전에 23명을 고용했고, 이후에 21명을 고용했다. 최저임금 인상이 반드시 고용 감소로 이어지는 것은 아니다.

〈표 11.2〉는 최저임금 인상으로 많은 직원이 혜택을 누리게 되었다는 사실도 보여준다. 임금 인상 전에는 뉴저지 주에 있는 해당 체인점 노동자 가운데 31%가 최저임금인 4달러 25센트를 받았다. 임금 인상 후에는 노동자 가운데 85%가 새로운 최저임금을 적용해 5달러 5센트를 받

았다. 이는 임금 인상 전까지 기존의 최저임금보다 더 많이 받는 노동자가 적지 않았지만, 그 금액은 새로 인상한 최저임금 수준이거나 그에 못 미치는 수준이었음을 의미한다.

최저임금을 인상하면 임금에는 손대지 않아도 고용주가 다른 방식으로 임금을 깎는다고 주장하는 이들도 있다. 이를테면 패스트푸드 음식점에서는 직원에게 무료로 혹은 아주 싼 가격에 식사를 제공하는데 이런 혜택을 축소한다는 것이다. 카드와 크루거가 확인한 바로는 최저임금이 오른 뒤에도 이 같은 방침에 변화가 생긴 경우는 없었다.

프랜차이즈 음식점은 노동자에게 더 많은 임금을 지불해야 하는 상황에서 고객이 내야 하는 음식값을 인상했다. 뉴저지 주에서 해당 음식점의 한 끼 가격은 최저임금 인상 이후 대략 2% 올랐다. 이는 새로운 의문을 낳는다. 음식값이 올랐으니 음식점 매출은 아무래도 종전보다 줄어들었을 것이다. 그런데 왜 뉴저지 주의 음식점은 매출이 감소했는데도 노동자를 해고하지 않았을까?

임금이 오르면 노동자의 결근율과 이직률이 감소하고 사기가 진작되어 노동 생산성이 증대된다고 주장하는 경제학자도 있다. 그러나 최저임금 인상률은 19%였고, 설령 이 때문에 노동자의 근무 태도가 바뀌었다 해도 이것이 생산성 향상으로 이어졌다고 생각하기는 어렵다. 게다가 음식 가격 인상으로 매출이 하락한 것은 아니라 해도 매출이 증가하지 않은 것만은 분명하다. 만약 매출 수준이 같은데 노동 생산성이 향상했다

경제학은 어떻게 내 삶을 움직이는가

면 해고 노동자의 수가 더 늘었을 것이다. 뉴저지 주의 노동자가 왜 해고당하지 않았느냐는 수수께끼는 이들의 생산 활동이 공동으로 이루어진다는 사실을 이해하고 나면 저절로 풀린다.

팀 생산과
최저임금

〈표 11.2〉가 보여주듯, 카드와 크루거의 연구에서 한 식당은 2교대 근무로 20명, 즉 한 조에 10명을 고용했다. 그러면 한 조에서 한 명의 노동자를 해고할 경우, 생산성은 10%가량 감소하리라 생각하기 쉽지만 실제로는 그렇지 않다. 각 직원의 '업무 내용'을 반드시 고려해야 한다.

예를 들어 10명의 매장 직원과 3명의 계산원을 둔 가게가 계산원 한 명을 덜 고용하면 그 가게가 고객을 상대할 수 있는 능력은 10%가 아니라 33%나 감소한다. 패스트푸드점 주방에서는 10명이 안 되는 소수 인원으로 가동되는 조립라인을 따라 생산이 이루어진다. 이 조립라인에서 한 명을 제거하면 역시 10% 이상 생산 속도가 느려질 것이다. 이런 까닭에 최저임금이 19% 인상되었음에도 노동자가 해고되지 않은 것이다.[3] 최저임금이 인상된 덕분에 노동자는 약간 더 돈을 벌고, 소비자는 약간 더 음식값을 지불하고, 고용주는 약간 이윤이 줄었다. 하지만 그 외에는 변한 게 없다.

물론 무한정 임금을 인상하다가는 고용에 영향을 미칠 수밖에 없다. 고용주도 사업을 유지하려면 이윤을 내야 하기 때문이다. 뉴저지 주에서 패스트푸드 산업에 종사하는 이들의 노동 수요는 〈그림 11.3〉과 같다. 만약 임금이 W_{max}보다 낮다면, 고용주는 L_0만큼 노동자를 고용하려고 할 것이다. 고용주는 노동자와의 협상을 통해 임금 수준을 0에서 W_{max} 사이의 어느 지점으로 결정할 것이고, 이에 따라 고용주의 이윤 수준도 결정된다. 뉴저지 주는 최근 "직접 와서 확인하세요(Come See for Yourself)"라는 슬로건을 걸고 홍보하고 있다. W_{max}를 초과하지 않는 수준에서 최저임금을 종전보다 인상함으로써(그 이상은 이윤을 얻을 수 없다) 햄버거 고기를 뒤집는 노동자들의 삶을 개선했고, 임금 인상이 실업으로 이어진다는 신고전파 이론을 보기 좋게 뒤집었다.

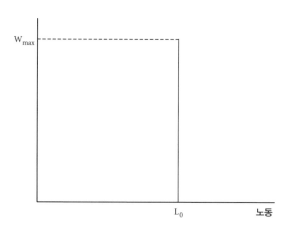

■〈그림 11.3〉팀 생산성에서의 노동 수요 곡선

12장

임금이 떨어지면
고용이 확대될까?

1929년부터 1939년까지 미국은 물론 전 세계는 오랜 기간 극심한 경기 침체를 겪었다. 이 시기를 일컬어 대공황이라 한다. 대공황이 무엇을 의미하는지 가장 잘 보여주는 하나의 통계수치가 있는데 바로 실업률이다. 〈표 12.1〉에서 보듯 대공황이 한창일 때 미국인의 25%가 실업자였으며, 대공황이 시작되고 10년이 지나고도 실업률은 여전히 17.2%였다.

연도	실업률
1923~1929	3.3
1930	8.9
1931	15.9
1932	23.6
1933	24.9
1934	21.7
1935	20.1
1936	17.0
1937	14.3
1938	19.0
1939	17.2
1940	14.6
1941	9.9
1942	4.7

■〈표 12.1〉 실업률 (1923~1942)

출처: 로버트 반 기젠(Robert Van Giezen)과 앨버트 E. 슈벵크(Albert E. Schwenk), "1차 세계대전 이전부터 대공황 기간의 보수(Compensation from before World War I through the Great Depression)", 미국 노동통계국(Bureau of Labor Statistics), 미국 노동부(U.S. Department of Labor) 2003, http://www.bls.gov/opub/cwc/cm20030124ar03p1.htm

과연 대공황이 일어난 원인은 무엇이었을까? 그 원인을 섣불리 진단하기에는 위험 부담이 크다. 이런 점에서 70년이 지난 지금까지도 이 문제에 관해 경제학자 사이에서 의견 일치를 보지 못하는 것도 당연하다. 앞으로 살펴보겠지만, 의견 일치를 보지 못한 이유에는 다양한 임금이론도 크게 한몫한다. 다양한 임금이론은 오늘날 우리 삶과도 밀접하게 연관되어 있다.

임금과
대공황의 수수께끼

1929년 시장이 붕괴했을 때 시장의 자기 조정 기능을 믿었던 경제학자들은 단기간의 조정 기간을 거쳐 다시 완전고용 상태로 돌아가리라고 믿었다. 경제학자들이 약속한 대로라면 경제는 노동시장에서부터 자기 조정 기능을 발휘해야 했고, 그것은 어려운 일도 아니었다. 앞서 살펴본 대로 경제학자들은 노동 수요는 한계생산물가치 곡선과 같다고 믿었다. "한계생산성 체감의 법칙" 때문에 그 곡선은 우하향한다고 생각했다. 그러니까 임금이 떨어질수록 고용주는 고용을 확대한다는 뜻이다.

실업을 해결하는 데 필요한 것이라고는 임금이 떨어지는 것뿐이었다. 하지만 시장의 자기 조정 기능은 작동하지 않았다. 사실 실업률은 2차 세계대전이 발발하고 나서야 14% 아래로 떨어졌다. 대공황은 시장 경제에 자기 조정 기능이 '없다'는 사실을 보여주었다. 시장 경제는 불황에서 언제든 빠져나올 수 있는 메커니즘을 갖추지 못했고, 이는 다음과 같은 의문을 남겼다. 임금이 떨어지면 경제가 다시 완전고용 상태로 돌아간다는 주장에는 무슨 오류가 있는 걸까?

임금이 하락하면 시장 경제는 완전고용 상태를 회복하겠지만, 임금이 '경직된' 경우는 예외라는 주장이 제기되었다. 실업률이 높은데도 노동자가 그들의 임금을 줄이는 데 합의하지 않고 버티는 경우에는 고용이 증가하지 않는다는 뜻이다. 영국의 경제학자 케인스는 이 같은 견해를 "고전 이론"이라고 규정했는데,[1] 그가 보기에 말도 안 되는 소리였다.

> 경기 침체의 특징인 실업 사태가 노동자가 임금 인하를 수용하지 않았기 때문이라는 견해는 전혀 사실에 근거한 주장이 아니다. 1932년에 미국에서 발생한 실업 사태가 노동자가 화폐임금을 인하하기를 완고하게 거부했기 때문이라든지 시장 경제 기구에서 제공하는 생산성 이상의 실질임금을 완고하게 요구한 탓이라고 주장하는 것은 전혀 이치에 맞지 않는다.[2]

높은 실업률이 고임금 탓이라고 생각하는 대신 케인스는 새로운 이론을 전개했다. 그는 임금이 떨어지면 실업률이 감소하기보다는 오히려 증가할 것이라고 주장했는데, 이는 고용 수준이 임금에 의해 결정되지 않는다고 보았던 스미스의 견해에도 부합한다.

경제학은 어떻게 내 삶을 움직이는가

임금의 수준을
결정하는 것은 무엇인가?

케인스에 의하면 생산이 일어나는 이유는 두 가지 수요를 맞추기 위해서다. 하나는 소비재에 대한 수요이고, 다른 하나는 투자재에 대한 수요다. 이 두 가지 수요가 '총수요'를 구성한다. 총수요 수준이 높을 때는 생산과 고용 수준도 높다. 총수요 수준이 낮으면 생산과 고용 수준 역시 낮다.

총수요를 구성하는 두 가지 수요는 그 성질이 무척 다르다. 소비재에 대한 소비자의 수요는 규칙적인 패턴을 따른다. 다시 말해, 소득이 높을수록 더 많이 소비하고 싶어 한다. 하지만 투자재에 대한 투자자의 수요는 불규칙적인데, 이는 투자자가 미래를 어떻게 전망하느냐에 따라 달라지기 때문이다. 투자자가 미래를 비관적으로 볼 때는 투자가 위축되고 그 결과는 실업으로 나타난다. 다음 사례를 보면서 케인스 이론에서 총수요 수준이 어떻게 생산 수준을 결정하는지 알아보자.

한 국가의 경제가 완전고용이 이루어진 상태에서 하루에 100달러어치의 재화와 서비스를 생산한다고 해보자. 이 100달러는 재화와 서비스를 생산한 노동자와 고용주가 벌어들이는 임금과 이윤의 총합과 같다. 노동자 가구와 고용주 가구는 100달러 중에서 일부, 이를테면 90달러를 재화와 서비스를 구매하는 데 쓴다(여기서는 수입이나 수출은 고려하지 않기로 한다). 그리고 남은 10달러는 저축한다.

이때 투자자가 10달러어치의 투자재를 구매한다고 가정하면, 종전과 마찬가지로 완전고용 상태에서 100달러어치의 생산이 이뤄질 것이다. 날마다 소비자와 생산자는 100달러어치 수요를 창출할 것이고, 수요만큼 재화가 생산될 것이며, 따라서 완전고용 상태가 유지될 것이다. 하지만 만약 투자자가 갑자기 5달러만 투자하고 싶어 한다면, 나머지 5달러어치의 재화 혹은 서비스가 팔리지 않을 것이다. 이에 따라 기업은 생산량을 95달러어치로 낮출 테고, 이는 곧 노동자와 고용주의 새로운 소득 수준이 될 것이다.

그러나 투자 감소에 따른 조정과정은 이것으로 끝이 아니다. 총소득이 95달러밖에 안 되면 소비자는 지출을 좀 더 줄일 테고, 그러면 결국 고용과 소득도 줄어들 것이다. 이렇게 발생한 2차 소득 감소는 3차 소득 감소로 이어진다. 이 소득 감소의 하강곡선은 어디서 끝이 날까? 투자자가 투자하고 싶어 하는 금액보다 더 많은 돈을 소비자가 저축하고 싶어 하는 한 팔리지 않는 재화가 생길 테고, 고용과 소득은 감소할 것이다. 경제가 안정성 혹은 균형을 회복하려면, 투자자가 투자하려고 하는 금액과 소비자가 저축하고 싶어 하는 금액이 일치해야 한다. 같은 사례를 통해 이 점을 살펴보자.

소비자가 소득 수준과 관계없이 소득의 10%는 항상 저축하고 90%는 소비한다고 가정하자. 앞서 말한 대로 투자 감소로 총수요와 소득이 95달러로 떨어진다면, 소비자는 종전의 90달러에서 85달러 50센트로 소비를 줄일 것이다. 하지만 이렇게 되면 투자가 5달러만 이뤄지기 때문에 총수요가 90달러 50센트로 떨어진다는 것이고, 이는 생산량과 소득 역시 그만큼 떨어진다는 이야기다(혹은 재화가 팔리지 않게 된다).

소득이 90달러 50센트가 되면 소비는 다시 81달러로 줄어들고, 총수요는 86달러밖에 되지 않는다. 고용과 소득도 다시 떨어진다. 이렇게 계속해서 떨어지다가 소득이 50달러에 이르면 소비자는 소비를 45달러까지 줄이고, 투자자는 5달러를 투자하고 싶어 하므로 총수요는 50달러가 된다. 이는 정확히 소득과 일치한다. 모든 재화가 팔리고, 팔리지 않는 재화가 쌓일 일이 없다. 이로써 균형이 회복되지만, 완전고용의 50% 밖에 안 되는 수준에서 생산이 이뤄지기 때문에 실업률은 50%가 된다.

이렇듯 케인스에 의하면 실업률 수준을 결정하는 요인은 투자 수준이지 임금 수준이 아니다. 그리고 시장 체제는 위기가 닥치면 초반에 자기 조정 기능을 발휘하는 게 아니라 투자자가 품은 불안감을 증폭시킨다. 투자가 조금만 감소해도 소득이 몇 배로 감소하는 일이 벌어질 수 있고, 이에 따라 실업이 매우 증가한다. 더 나아가 케인스는 이런 감소를 피할 수 없다고 주장했다.

케인스에 의하면, 투자자가 얼마나 투자하고 싶어 하느냐는 그들이 미래의 경제를 얼마나 낙관하느냐에 달렸다. 미래 경제가 얼마나 양호할지 예측하는 것은 투자자가 할 일이지만, 그 상태는 다른 투자자가 낙관하는 정도에 좌우된다. 따라서 각 투자자는 미래의 경제 상황과 관련해 다른 투자자가 어떻게 예측하고 있으며, 또 이에 대해 다른 투자자가 무슨 생각을 하는지 알아야 한다. 물론 이런 식으로 다른 투자자의 예측을 분석하는 것은 불가능하다. 대신 이들은 "자생적인 낙관"에 의지할 수밖에 없다. 케인스의 말을 들어보자.

그것이 도덕적 행위이든 쾌락적 행위이든, 아니면 경제적 행위이든 우리가 적극적으로 행동하는 것은 수학적 계산에 따른 기대감보다는 자생적인 낙관에 따른 경우가 많다. 우리가 어떤 선택을 할 때 그 결과는 장차 오랜 세월이 흐른 뒤에야 완전한 모습을 드러낼 것이고, 이 선택은 대개 야성적 충동에 이끌려 내린 판단일 수밖에 없다. 야성적 충동, 즉 아무것도 하지 않는 것보다는 뭔가 하고자 하는 본능에 이끌린 결과이지 정량적 확률과 정량적 편익을 곱해 가중평균값을 도출한 다음 내린 결과가 아니다.
기업이 주로 사업설명서에 따라 작동하는 듯 보이지만, 사업설명서가 아무리 공평하고 진실해도 그에 의해 기업이 작동하는 것은 아니다. 기업이 장차 얻게 될 편익에 대한 정확한 계산을 토대로 행동한다고 하나, 그래봐야 남극 탐험 성공 확률보다 조금 나은 정도에 지나지 않는다. 그러므로 야성적 충동이 위축되고 자생적인 낙관이 흔들리면 수학적 기대감 외에 의지할 게 없어지고, 기업은 이내 쇠하여 망하고 말 것이다. 이전까지는 수익에 희망을 품는 게 합리적이었다면, 이제는 손실에 두려움을 품는 게 합리적이기 때문이다.[3]

다른 투자자의 "낙관적 기대 수준"을 정확히 계산하는 일은 불가능하기에 일단 비관적 전망이 자리하고 나면 장기간 지속할 수도 있다. 그러므로 케인스는 실업률이 높으면 정부가 개입해서 총수요를 늘리고 완전고용 수준에 달하도록 생산을 부양해야 한다고 주장했다.

투자 감소 때문에 초반에는 고용과 소득이 떨어진다고 해도, 신고전파 경제학자의 주장대로라면 임금이 떨어지면 경제가 완전고용을 회복해야 하는데 왜 실업률은 줄어들지 않을까? 케인스의 설명으로는, 임금을 내리면 가격 하락으로 이어지고, 가격이 내려가면 투자 가치가 떨어져 투자자가 경제를 더 비관적으로 전망하기 때문이다. 투자자가 오늘 5달러를 지출해 내일 6달러에 재화를 판다면 이득이지만, 겨우 4달러에 팔린다면 투자자는 돈을 잃게 된다. 그러므로 경제가 완전고용 상태를 회복하지 못하고 임금이 내려가는 경우에는 투자자의 비관적 전망이 커지면서 총수요가 떨어진다.

대공황 시대의
경제 정책

케인스 이론이 프랭클린 델러노 루스벨트(Franklin Delano Roosevelt) 대통령에게 구체적으로 어떤 영향을 미쳤는지는 알려지지 않았다. 하지만 루스벨트 정부가 채택한 정책은 분명 총수요를 확대하기 위해 설계한 정책이었다. 먼저 루스벨트 행정부는 수백만 명의 노동자에게 일자리를 제공했다. 1938년 공공사업진흥국은 공원을 만들거나 과거 노예들의 구전 역사를 기록하는 여러 공공사업에 300만 명을 고용했다.

재화 가격 하락에 따른 투자자의 두려움을 없애기 위해 1935년 전국 산업부흥 법(National Recovery Act)을 제정해 생산자가 단합해 가격을 고정하는 것을 허용했다. 물론 반독점법을 명백히 위반하는 것이지만, 정부가 명시한 최저임금 이상으로 고용주가 노동자에게 임금을 지불하기로 합의한다는 전제가 있었다.

또한 소비를 촉진하기 위해 의회는 노동자의 단체교섭권을 인정하고 노동자의 입지를 강화하는 처방을 내렸다. 1935년에 제정된 와그너 법(Wagner Act)에서는 다수의 노동자가 찬성해 노동조합을 설립할 경우 모든 노동자가 노조비를 지불하도록 했다. 이로써 노조 비가입 노동자는 더 이상 노동조합이 창출하는 편익에 무임승차할 수 없었다.

자유시장 체제에서는 실업 사태에서 벗어나려면 정부의 개입이 필요하다는 케인스의 주장은 다른 경제학자나 이해관계자에게 골칫거리가 아닐 수 없었다. 2차 세계대전이 끝나자 곧바로 케인스를 향한 반격이 시작되었다.

투자자가 투자를 줄이면
소비자는 소비를 늘릴 것이다

2차 세계대전이 발발하자 대공황을 극복하기 위한 정부의 고용 정책은 신병을 모집하는 정책으로 대체되었다. 일자리를 창출한다는 점에서는 같았지만, 실업률을 확실하게 개선할 유일한 경제 주체가 정부라고 선전할 기회는 잃은 셈이다. 징병의 주체는 정부였으나 어디까지나 목적은 독일, 이탈리아, 일본과 전쟁을 치르는 데 있었고 실업 문제를 해결하려는 것은 아니었다. 그래서 정부의 고용 정책으로 완전고용을 회복했다는 사실은 주목받지 못했다.

자유시장 이데올로기가 다시 고개를 들었다. 1947년 의회는 태프트-하틀리 법(Taft-Hartley Act)을 통과시켜 노동조합 가입 여부와 상관없이 노동자가 조합원과 똑같은 편익을 누릴 수 있도록 했다. 그래도 노동조합에 가입하는 노동자가 있었다는 사실은 여러 불합리한 법 조항이 있었음을 대변한다. 시카고 대학교 경제학자 돈 파틴킨(Don Patinkin)은 경기 침체가 아무리 심각해도 임금을 내리면 완전고용을 회복할 수 있다는 주장을 다시 펼쳤다.

파틴킨은 "야성적 충동"이 등장하는 케인스의 투자 이론을 인정하면서도, 케인스의 케임브리지 대학교 동료였던 아서 피구(Arthur Pigou) 교수가 처음 제기했던 반론을 수용했다. 피구 교수는 투자자가 미래를 비관적으로 전망하고 고용이 감소하더라도 소비가 증가하면서 경제가 완전고용을 회복할 것이라고 주장했는데, 파틴킨도 이와 같은 주장을 되풀이했다.

피구와 파틴킨의 설명에 따르면, 소비자는 소비를 결정할 때 그들이 벌어들인 실질소득만 고려하는 게 아니라 물가도 고려하는데 이 점을 케인스가 살피지 못했다는 것이다. 두 사람은 가격이 내려가면 소비자가 수중에 보유한 현금의 구매력이 향상하기 때문에 소비도 증가한다고 주장했다. 투자가 감소하면 물가가 떨어지고, 이는 소비 증가를 유발한다. 그 결과 완전고용이 회복된다.

그러나 파틴킨의 주장은 빈약한 데가 있다. 소비재 가격이 내려갈 때 실질가치가 증가하는 자산은 단 하나, 현금뿐이다. 현금에 적용되는 이 원리가 주택 같은 실물자산에는 적용되지 않는다는 사실을 확인하기란 어렵지 않다. 모든 소비재 가격이 똑같은 비율로 하락해도 주택의 실질가치는 커지지 않는다. 물론 떨어지지도 않는다.

금융 자산은 가격 하락이 미치는 영향이 이보다 더 복잡하다. 물가가 하락하면 대출자는 채무 부담이 커져서 가난해진다. 같은 이유로 대부업자는 더 부유해진다. 이 상반된 두 가지 작용, 즉 사람들이 보유하고 있는 화폐의 실질가치가 상승하는 작용과 돈을 빌린 사람들의 부가 대부업자에게로 재분배되는 작용이 소비 수요에 미치는 순(純) 효과를 예측하기는 불가능하다. 가격 하락은 반드시 소비를 촉진하는가? 만약 소비를 촉진한다면, 대공황 같은 극심한 경기 침체를 극복할 수 있을 정도로 크게 영향을 미치는가?

이 이론을 처음 제시했던 피구는 확신하지 못했다.[4] 하지만 케인스는 애초에 이런 문제를 검토하지도 않았다. 왜 그랬을까? 케인스를 잘 알았던 조앤 로빈슨(Joan Robinson)과 리처드 칸(Richard Kahn)에 의하면, 케인스는 물가 '수준'은 중요하지 않다고 생각했다. 그에게 중요한 것은 물가가 '떨어지고' 있다는 사실이었다. 물가가 하락하고 있는 만큼 소비자는 추이를 지켜보며 소비 시기를 늦추려 하기 때문이다.[5]

같은 맥락에서 오바마 대통령의 경제자문위원회 의장인 경제학자 크리스티나 로머(Christina Romer)는 투자자와 마찬가지로 소비자가 소비를 하려면 어느 정도 낙관적 기대가 필요하다고 설명한다. 물가가 떨어져도 실업이 증가하면 소비자의 기대감에 부정적 영향을 미쳐 좀 더 저축하고 소비는 줄여야겠다고 생각한다는 것이다. 더욱이 앞으로 더 떨어질 물가를 유리하게 이용하기 위해서라도 소비를 늘리기보다는 줄일 가능성이 높다.[6]

대공황이 시작되고 여러 해에 걸쳐 물가지수가 큰 폭으로 내렸다. 1929년에는 2% 하락했고(검은 화요일이 10월 29일이었으니 고작 두 달 만에 물가지수가 이만큼 떨어졌다는 이야기다) 1930년에는 9%, 1931년에 10%, 1932년에 5%가 추가로 떨어졌다.[7] 하지만 고용은 회복되지 않았다. 왜일까? 앞에서 여러모로 살펴봤듯이 가격 하락이 반드시 소비재에 대한 수요 증가로 이어지지는 않는다.

더 중요한 사실은 설령 소비재에 대한 수요가 증가하더라도, 투자자가 이미 상실한 낙관적 기대감을 대신할 만큼 강력한 역할은 하지 못한다는 것이다. 노동자는 일할 때 자본재를 이용한다. 그러므로 노동자가 일자리를 잃어버리면 자본재도 "일자리를 잃게" 되고 투자비를 회수해간다. 노동자가 고용될 때에는 자본재도 "고용되어야" 하고 그래야 투자가 발생한다. 그러므로 투자자가 미래를 비관적으로 전망하고 투자하기를 꺼리는 한 고용이 늘어나는 일은 없다. 실업의 원인으로 투자 수요의 감소에 초점을 맞췄던 케인스는 옳았다. 대공황 시대의 자동차 산업 동향을 살펴보면 이 점이 잘 드러난다.

노동자뿐 아니라
자본재도 일자리를 잃었다

경제학자 티모시 브레스나한(Timothy Bresnahan)과 대니얼 라프(Daniel Raff)가 대공황 기간의 자동차 산업을 조사한 연구를 보면 소비와 투자의 관계를 짐작할 수 있다. 브레스나한과 라프는 고용이 매우 감소했던 1929년부터 1933년까지, 노동자뿐 아니라 노동자가 이용하는 자본재도 "일자리를 잃었다"는 사실을 알아냈다. 1929년에 창업한 공장 211개 가운데 절반가량인 105개가 1933년에 문을 닫았다.

1933년부터 1935년까지는 자동차 생산량이 다시 증가하기 시작했는데, 이전에 폐쇄한 공장은 다시 문을 열지 못했다. 그 대신 대규모 투자가 발생했다. 문을 닫지 않고 살아남은 공장이 새 기계를 사들여 공장의 전동기 동력을 25%까지 끌어올렸으며, 16개 공장이 새로 문을 열었다.[8]

1933년 이후 투자자가 자동차 산업의 미래에 다시 확신을 품게 된 이유는 무엇일까? 이 질문에 확실하게 답할 수는 없지만, 1933년부터 1935년 사이에 자동차 한 대의 평균 가격이 2.5% 올랐다는 사실에 주목할 필요가 있다. 상승 자체는 소폭이지만 이 기간의 자동차 생산량은 두 배 이상 증가했다. 투자자는 낙관적 기대를 회복하면 투자에 뛰어든다. 이 시기에 자동차 산업에 종사하는 노동자의 임금이 27%가량 증가했다는 사실도 지나친 낙관을 보여주는 또 다른 지표다.

13장

눈이 높은 노동자가
스스로 실업을 선택한다?

케인스는 경제에서 고용 수준을 결정하는 것은 임금 수준이 아니라 재화와 서비스에 대한 총수요라고 설명했다. 그러나 현대 경제학자들, 심지어 케인스주의자라고 자처하는 이들도 이 견해에 강력히 반대한다. 그들의 주장으로는, 임금 수준이야말로 고용 수준을 결정짓는 요인이다. 그러므로 실업을 결정짓는 요인이기도 하다. 그들은 대공황 기간에 임금이 너무 높았다고 주장한다. 임금이 충분히 떨어졌다면 고용 수준은 더 높았으리라는 말이다.[1]

경제학자들은 왜 케인스 이론에 이토록 강하게 반발할까? 케인스 이론이 잘못되었다고 입증되었기 때문이 아니다. 임금이 내려간다고 실업을 해결할 수는 없다는 케인스의 주장을 인정하면, 논리적으로 도달하는 다음의 두 가지 결론이 문제가 되기 때문이다.

첫째, 자유시장 체제에는 자기 조정 기능이 없으므로 정부가 개입해서 시장을 규제해야 한다는 것이다. 둘째, 한계생산물가치 임금이론은 잘못되었기 때문에 노동자가 "그들이 생산한 가치만큼" 보상받고 있다는 주장이 틀렸다는 것이다. 이에 경제학자들은 전반적으로 임금이 경직되어 있었으며, 임금 경직성이 대공황을 유발했음을 증명하고자 여러 이론을 전개하기 시작했다.

임금 경직성이 발생하는 이유를 설명한 이론으로는 두 가지가 있다. 처음으로 이 문제를 다룬 사람들 가운데 가장 대표적인 인물은 밀턴 프리드먼(Milton Friedman)이고, 로버트 루카스(Robert Lucas)와 레너드 래핑

(Leonard Rapping)이 프리드먼의 연구를 이었다. 이들은 노동자가 실직하는 이유는 일자리가 없어서가 아니라 현재의 임금 수준이 낮다고 생각해 취업을 거부하기 때문이라고 주장했다. 대공황 기간을 비롯해 실업은 늘 '자발적으로' 발생하는 것이므로 실업 문제에 정부가 취할 수 있는 조치는 아무것도 없다는 말이다.

두 번째로 임금 경직성을 다룬 이들 가운데 가장 대표적인 경제학자는 스티글리츠다. 그의 이론을 정리하면, 실업은 노동자에게 두려움을 심어주기 때문에 생산성을 고취하는 효과가 있다. 노동자가 근면하게 일해야 하는 자신의 본분을 망각하지 않게 하려면 두려움이 필요하다. 이 이론에서 실업은 비자발적 결과임을 알 수 있다. 비자발적 실업이란 시장가격의 임금 혹은 그에 약간 못 미치는 임금을 받고 일하려 해도 일자리를 찾을 수 없다는 뜻이다. 그럼에도 정부는 실업률을 줄이려고 개입해서는 안 된다. 정부가 개입하면 노동자의 근무 태만을 불러올 수 있다.

두 이론은 실업이 발생하는 원인에 대해서는 입장이 크게 다르지만, 실업이 누구의 책임인가에는 의견이 일치한다. 실업은 노동자의 잘못이다. 프리드먼에 의하면 실업이 발생하는 것은 노동자가 그들에게 제시된 임금을 수용하려 들지 않기 때문이고, 스티글리츠에 따르면 노동자가 게으르기 때문이다.

실업은 시장을 오판한
노동자들 때문이다

미국의 경제학자 에드먼드 펠프스(Edmund Phelps)는 프리드먼과는 별개로, 임금 경직성이 발생하는 이유에 관한 자신의 이론을 독자적으로 전개했다. "시장을 오판한 노동자"의 실업 이론이라 이름 붙일 수 있는 펠프스의 이론을 살펴보자.

재화와 서비스에 대한 수요가 떨어지고 그 결과 가격도 하락했다고 해보자. 재화의 가격이 내려가면 그 재화를 생산한 노동자의 한계생산물가치도 함께 떨어진다. 이에 고용주는 노동자의 임금을 내리고 싶어 한다. 하지만 노동자 중에는 모든 가격이 전반적으로 떨어졌다는 사실을 인지하지 못한 사람도 있을 것이다. 이들은 자신이 생산한 재화의 가격만 내려갔다고 생각하고, 임금이 높은 다른 일자리를 찾기 위해 직장을 그만둔다.[2] 이처럼 더 높은 임금을 주는 일자리를 얻을 수 있다는 노동자의 잘못된 판단이 실업을 유발한다.

이 상황은 〈그림 13.1〉처럼 나타낼 수 있다. 이 그림에서 빅맥 가격은 3달러에서 2달러로 떨어졌고, 이는 점선으로 표현된 한계생산물가치 곡선으로 나타난다. 한계생산물 자체는 변하지 않았지만, 가격 하락으로 한계생산물가치가 떨어졌기 때문이다.

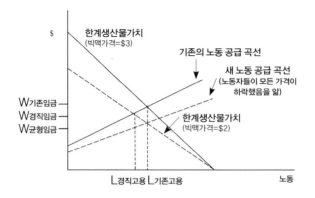

$
한계생산물가치
(빅맥가격=$3)

기존의 노동 공급 곡선

새 노동 공급 곡선
(노동자들이 모든 가격이
하락했음을 앎)

W기존임금
W경직임금
W균형임금

한계생산물가치
(빅맥가격=$2)

L경직고용 L기존고용

노동

■〈그림 13.1〉 노동자가 시장을 오판할 때 발생하는 임금 경직성

맥도날드는 임금을 W균형임금으로 낮추되 계속 L기존고용만큼 노동자를 고용하고 싶어 한다. 하지만 일부 노동자는 그보다 높은 임금을 주는 일자리를 찾기 위해 직장을 그만두기도 한다. 한계생산물가치 곡선은 낮아졌지만 노동의 공급 곡선은 변동이 없으니, 임금은 W균형임금으로 내려가지 않고 W경직임금에 머물게 된다. 임금 경직성이 발생한 것이다. 결국 고용 수준이 L기존고용에서 L경직고용 지점으로 감소한다.

경제 전반에 걸쳐 가격이 하락했음을 노동자가 알고 있다면 그들의 노동 공급 곡선은 그림에 보이는 새 노동 공급 곡선으로 이동했을 테고, 결과적으로 임금은 W균형임금 지점으로 이동했을 것이며, 실업도 발생하지 않았을 것이다.

루카스와 래핑은 프리드먼의 임금 경직성 이론을 적용해 대공황 기간에 실업이 발생한 이유를 설명했고, 이 기간에 발생한 실업도 전부 '자발

경제학은 어떻게 내 삶을 움직이는가

적'이었다고 주장했다.[3] 두 사람이 주장한 바로는 대공황 기간에 공장이 문을 닫게 된 이유는 재화 가격이 내려가기 시작했을 때 일부 노동자가 자기가 생산하는 재화 가격만 내려가고 있다고 생각해 직장을 그만두고 보수가 더 나은 일자리를 찾아 나섰기 때문이다. 또한 기존 실업자들도 빈자리가 생겼지만 일하기를 거부했다. 그들도 그릇된 정보를 공유하고는 더 나은 보수를 받을 때까지 기다렸기 때문이다.

루카스와 래핑은 "우리 모형에서 (……) 통상임금은 그 시기 노동 수요량과 공급량이 일치하는 임금 수준으로 전제한다"[4]고 했다. 노동 수요량이 공급량과 일치할 때 기꺼이 시장임금을 받고 일하려는 노동자는 항상 일자리를 얻는다. 일자리를 구하지 못하는 노동자는 더 높은 임금을 받고 일하려는 이들이다(프리드먼에 따르면 보수가 더 높은 일자리를 계속 찾으면 구할 수 있다고 잘못 생각하기 때문이다).

이 주장에는 결정적인 문제가 있다. 노동자가 아주 오랜 시간 임금에 잘못된 판단을 내려야만 이 이론이 성립한다는 것이다. 대공황이 여러 해 동안 지속되었음에 주목하여 앨버트 리스(Albert Rees)는 이렇게 반문했다.

"노동자가 사실에 근거해 통상임금에 대한 기대치를 바로잡으려면 시간이 얼마나 걸려야 하는가? 1931년부터 1939년까지 실업률은 14% 아래로 떨어진 적이 없고, 대공황이 시작된 지 10년이나 지난 1939년에도 실업률은 여전히 17%나 되었다."[5]

다시 말해 노동자가 대공황이 발생한 사실을 인지하지 못해서 대공황이 일어났다는 주장은 말이 되지 않는다. 그러나 프리드먼은 자신의 이론을 전개하면서 이 같은 설명 외에 다른 근거를 제시하지 않았다.

레이건 대통령은 실업이 자발적이라는 프리드먼과 루카스의 주장을 자주 인용했다. 1979년 군주제를 붕괴시켰던 이란 혁명의 영향으로 미국에서는 유가가 급등하고 실업이 증가했다. 레이건 대통령은 실업률이 9.7%였던 1982년에 "〈뉴욕 타임스〉 일요일자 신문의 구인 광고는 44.5쪽, 〈워싱턴 포스트〉의 구인 광고는 33.5쪽, 〈로스앤젤레스 타임스〉의 구인 광고는 65.5쪽에 달한다"고 언급했다. 그리고 이렇게 반문한 것으로 유명하다.

"누군가는 신문사에 돈을 지불하면서 '일자리가 있습니다. 어서 와서 여기 일자리를 차지하세요.'라고 광고하는 마당에 어느 누가 자신을 실업자라고 부를 수 있단 말입니까?"[6]

레이건 대통령은 재임 기간에 거듭 이런 견해를 밝혔는데, 이따금 의문을 던지는 사람을 만나기도 했다. 한번은 기자회견장에서 실업이 자발적이라고 주장하는 레이건 대통령에게 한 기자가 롱아일랜드의 한 호텔에서 300명을 모집하는데 지원자가 4,000명이나 몰렸다면서, 이는 어떻게 해석해야 하느냐고 물었다. 레이건 대통령은 구인 광고에서 요구하는 기술이 실업자가 보유한 기술과 일치하지 않는 경우도 있다고 대답했다.[7] 말이야 맞는 말이지만, 실업자가 일하기를 원치 않는다는 주장에는 부합하지 않는 답변이다. 하지만 추가 질문은 나오지 않았다.

실업자가 일하기를 원치 않는다는 주장은 갈수록 힘을 얻었고, 시장경제가 일자리를 충분히 제공하지 못하고 있다는 주장 대신 복지 수혜자가 게으르다는 주장이 우위를 차지했다. 클린턴 대통령 시절에는 공공근로에 참여하지 않으면 복지 수혜를 받을 수 없었다. 실직자가 이런 조건을 수용했다는 사실은 실업이 자발적이라는 주장, 또 이들이 업무에 부적합하다는 주장이 모두 거짓임을 증명한다. 복지 보조금을 받으려고 공공근로에 임하는 사람이 그보다 훨씬 높은 통상임금을 받는 일자리를 마다할 이유가 없기 때문이다. 하지만 이 같은 사실에 주목하는 사람은 없었다.

이들이 고된 일을 믿음직하게 수행하자 요즘 지방 정부는 정규직 노동자 대신 복지 수혜자들을 값싼 노동력으로 활용하고 있다. 뉴욕에서는 6,000여 명의 복지 수혜자가 도시의 공원을 조성하는 일을 하고 있다.[8] 공무원 노조는 이를 문제 삼아 시를 상대로 소송을 제기했지만 패소했다. 판사는 복지 수혜자가 '실질 업무'에 종사할 필요가 있다고 판단했다.[9] 하지만 정부는 이들에게 먹고살 만큼의 실질임금을 지불하지 않았다. 그러니 레이건 대통령은 이렇게 반문했어야 마땅하다.

"어떻게 정부는 정상 생활을 누릴 수 있는 임금도 아니고 복지 보조금이나 주면서 강제로 일을 시킬 수 있단 말입니까?"

저 길게 늘어선 줄은
무엇을 말하는가?

지금까지 자발적 실업을 대공황의 원인으로 설명하는 이론을 살펴봤는데, 아직 풀어야 할 수수께끼가 남았다. 고작 200명을 모집하는 일자리에 지원자 4,000명이 몰려들었다. 이런 일은 예나 지금이나 흔히 볼 수있다. 그렇다면 왜 200명의 노동자만 관심을 보일 정도로 임금이 떨어지지 않은 걸까? 이는 노동자의 실업이 비자발적이라는 증거 아닐까?

노동자가 절박할 때는 임금이 낮아도 구직자의 줄이 줄어들지 않는다.[10] 복지 보조금을 받으려고 공공근로에 참여하는 노동자가 우리에게 알려주는 사실은, 절박한 노동자에게는 구직을 포기하고 싶을 만큼 부끄러운 일자리나 낮은 임금은 없다는 것이다. 그러므로 앞서 말한 수수께끼는 쉽게 풀린다.

하지만 여기서 또 다른 의문이 생긴다. 왜 임금은 가능한 한 항상 최저수준으로 떨어지지 않는가? 복지 보조금을 받으려고 일하는 사람이 많은데, 왜 임금은 항상 복지 보조금 수준으로 떨어지지 않는가? 스미스와 리카도 역시 이를 의아하게 생각했지만, "습관과 관습"이라는 답변을 내놓은 게 전부였다. 우리가 여기서 이 문제를 완벽하게 풀 수는 없겠다. 그래도 좀 더 충실한 답안을 준비할 수는 있을 것이다.

경제학자 리처드 세일러(Richard Thaler)는 1992년 허리케인 앤드루가 강타한 플로리다 주가 구호 물품 공급에 차질을 빚었을 때 홈디포가 가격을 인상하지 않은 사실에 주목했다.[11] 왜 그랬을까? 합판 가격을 올리더라도 합판 공급이 쉽게 늘어날 수 없는 상황이라 가격을 올리면 이윤을 극대화할 수 있는데도 그러지 않았다. 홈디포가 기존 가격을 유지한 것이 친절을 베풀기 위함인지, 소비자의 보복을 두려워해서인지는 알 수 없다. 중요한 것은 그들이 가격을 올리지 않았다는 사실이다. 노동시장에서도 이와 비슷한 상황을 찾아볼 수 있다. 노동자와 고용주는 임금을 내린다 해도 일자리가 더 창출되지 않으리라는 것을 알고 있기에, 노동자는 서로 더 싼 임금을 받고 일하려 하지 않고 고용주도 임금을 줄이지 않는다.

2007년 자동차 업계를 살펴보면, 일자리가 창출될 '가능성'이 있을 때 임금 수준이 어떻게 변하는지를 짐작할 수 있다. 제너럴 모터스에 부품을 공급하던 주요 공급사인 델파이는 노동자가 임금을 대폭 삭감하는 데 합의하지 않으면 미국 내 모든 자사 공장을 폐쇄하겠다고 위협했다. 이에 노동자들은 시간당 27달러 44센트에서 16달러 23센트로 40%나 임금을 삭감하는 데 합의했다. 일자리를 구하지 못할 거라는 사실을 알면서도 노동자들이 임금 삭감에 합의했다는 사실은 주목할 만하다. 델파이는 노동자가 임금을 삭감했음에도 28개 공장 가운데 21개를 폐쇄할 계획이었다.[12]

14장

게으르고 태만한 노동자에게
일자리가 없는 것은 당연하다?

실업의 원인을 살펴면서 이미 언급했지만, 스티글리츠는 노동자가 기회를 엿보며 태만한 근무 태도를 보인다는 전제하에 효율성 임금이론을 전개한다. 노동자의 근무 태만을 감독하는 일에는 비용이 많이 든다. 따라서 고용주는 적발 가능성을 높이는 대신 태만한 근로자를 발각했을 때 엄한 징계를 내리는 방법을 택한다. 고용주가 가할 수 있는 가장 엄중한 징계는 고용자를 해고하는 것이다.

하지만 해고를 당한 노동자가 같은 임금을 주는 다른 일자리를 쉽게 구할 수 있는 상황이라면 징계에 아무런 효과가 없다. 그러므로 고용주는 태만과 이직을 방지할 목적으로 다른 고용주보다 임금을 더 많이 지급하려고 한다. 스티글리츠는 이런 식으로 지급하는 높은 임금을 "효율임금"이라 부른다. 노동자의 태업을 줄이고 생산성을 높이는 효과가 있기 때문이다. 효율임금을 도입하면 노동자가 쉽게 이직하지 못할 이유가 생기는 셈이다.

효율임금을 도입해 태만과 이직을 방지한다는 계획은 언뜻 보면 실패할 것처럼 보이기도 한다. 고용주가 모두 효율임금을 지급한다면 노동자가 해고를 두려워할 까닭이 없지 않은가? 다른 직장으로 옮겨도 효율임금을 받게 될 테니 말이다. 이런 허점을 메우기 위해 스티글리츠는 여기에 한계생산물가치 임금이론을 접목한다. 신고전파 이론에 의하면 노동의 "한계생산성 체감의 법칙"이 있고, 따라서 높은 임금을 지급하려는 고용주는 더 적은 수의 노동자를 고용해야 한다. 모든 고용주가 정규 인원보다 적은 수의 노동자를 채용하면 실업이 지속해서 발생할 것이고, 노동자는 실업자가 되고 싶지 않은 두려움 때문에 함부로 게으름을 피우지 못한다.

스티글리츠의 이론에서 실업자는 근무 태만으로 해고당한 노동자가 아니다. 실업이 발생하는 이유는 노동자가 일반적으로 수긍하는 임금보다 더 높은 임금을 고용주가 지급하기 때문이다. 일자리를 잃은 노동자도 그렇지 않은 노동자만큼 근면하다. 하지만 고용주는 더 낮은 임금을 주고 실업자를 고용하지 않는다. 낮은 임금은 근무 태만을 유발할 수 있기 때문이다. 스티글리츠의 주장으로는 실업률이 줄곧 높았던 기간도 이 이론으로 설명할 수 있다. 대공황 기간에 실업률이 25%였던 것과 1979년부터 1982년까지 실업률이 10%였던 것은 고용주가 노동자의 근무 태만을 두려워한 탓이었다.[1]

실업의 원인을 설명하는 효율성 임금이론은 4가지 주장으로 요약할 수 있다. 첫째, 노동자는 태업하는 경우가 많다. 태업하는 노동자가 소수에 지나지 않는다면 노동자의 태업을 방지하려고 고용주가 노동자에게 임금을 더 얹어줄 필요가 없을 것이다. 둘째, 태업을 방지하려고 시장임금보다 더 많이 지급하는 임금은 생산성을 높인다. 셋째, 실제로 노동자는 효율임금을 받고 있다. 넷째, 효율임금 때문에 실업이 발생한다. 그렇다면 이들 주장을 입증하는 자료는 무엇인가?

첫 번째 주장과 두 번째 주장을 입증하는 자료는 제시된 적이 없다. 세 번째 주장과 관련해서는 프랑스 경제학자 도미니크 구(Dominique Goux)와 에리크 모랭(Eric Maurin)이 제시한 자료가 있다. 두 사람은 노동자가 규모가 큰 기업에서 일할 때 더 많은 돈을 번다는 통계 자료를 제시했다. 그들은 임금 격차가 효율임금 때문에 발생한 것이 틀림없다고 주장한다.[2] 왜 그랬을까? 노동의 질이나 회사의 위치 등 다른 해석을 모두 배제했기 때문이다.

왜 대기업일수록 높은 효율임금을 지급할까? 구와 모랭은 대기업일수록 노동자가 태만해지기 쉬운 환경이기 때문이라고 해석했다. 하지만 두 사람이 발표한 조사 자료만 봐도 이 같은 해석에 문제가 있다는 사실을 알 수 있다. 두 사람은 연구를 진행하면서 노동자의 직종을 통제 변수에 포함했는데, 직종별로 임금에 차이가 나는 경우는 발견하지 못했다. 특정한 직종에 높은 임금을 지급하는 회사는 회사 내의 다른 모든 직종에도 높은 임금을 지급한 것으로 나타났다.

경제학자 윌리엄 디킨스(William Dickens)와 로런스 카츠(Lawrence Katz)의 연구에 의하면, 한 회사의 특정 직종에서 태업이 더 쉽게 나타날 수는 있지만 그렇다고 그 회사의 모든 직종에서 같은 문제가 나타날 이유는 없다.[3] 그러므로 구와 로랭이 제시한 자료는 효율성 임금이론과는 부합하지 않는다.

게다가 조사 결과에 대한 이들의 해석에는 근본적인 문제, 어쩌면 위험천만한 문제가 하나 있다. 왜 임금 격차의 원인을 근무 태만에서 찾아야 하는가? 구와 모랭은 잘못된 이분법을 제시하고 있다. 임금이 다양한 분포를 이루고 있는 데에는 두 사람이 고려한 이유 외에 다른 요인도 있을 수 있다. 근무 태만은 여러 요인 중 하나에 불과하다. 대기업일수록 주주가 많고, 임금을 협상하는 경영진을 관리하고 감독하는 강도가 느슨하다는 것도 높은 임금을 형성하는 한 가지 이유가 될 수 있다. 그러므로 높은 임금이 근무 태만을 방지하는 유인책이 아니라 어쩌면 고임금 자체가 근무 태만의 한 단면일 수 있다.

구와 모랭 역시 자본집약도가 높은 대기업이 임금도 높다는 사실을 발견했다. 이런 회사에서 일하는 노동자는 단체행동에 나설 경우 작업 흐름에 지대한 영향을 초래하기에 높은 임금은 그들이 지닌 협상력이 크다는 사실을 반영한다.[4] 그러므로 구와 모랭의 조사 결과는 고용주가 근무 태만을 방지할 목적으로 임금을 높게 지급한다는 주장에 대한 근거로는 빈약하다.

첫 번째 주장이나 두 번째 주장과 마찬가지로, 효율임금이 실업을 유발한다는 네 번째 주장 역시 (경제학이라는 학문이 이런 경우가 많지만) 정당성을 증명하는 자료가 제시된 적은 없다. 대신 경제학자들은 노동의 "한계 생산성 체감 법칙"을 동원했다. 이 법칙에 의하면 임금이 오를 때 고용 인원을 줄이는 게 필수적이기 때문이다. 크루거와 서머스는 이렇게 말한다.

"산업 간에 상당한 임금 격차가 보이는 것은 (……) 비자발적 실업이

존재한다는 추정적 근거로 볼 수 있다."⁵

다시 말해 효율임금을 지급하는 회사는 의도적으로 인력을 부족하게 채용해야 한다. 문제는 생산 활동을 단독으로 수행하는 경우가 없으므로 인력을 부족하게 채용하는 일이 현실적으로 어떻게 가능한지 상상하기 어렵다는 것이다. 태업 방지책으로 높은 임금을 지급하는 곳이 자본집약도가 높은 대기업이라면 인력 부족으로 가장 크게 차질을 빚을 곳도 대기업이라는 말인데 그렇다면 더더욱 말이 안 된다. 더 많은 기계와 더 많은 노동자가 생산 과정에 참여하는 대기업은 노동력 변화에 경직되어 있는데 어떻게 이런 일이 가능하겠는가? 정당성을 입증할 자료가 없다면 기업이 생산 활동에 필요한 인원보다 의도적으로 적게 인원을 채용한다는 주장을 인정해서는 안 된다.

설령 태업 방지책으로 고용주가 효율임금을 지급하고 효율임금으로 실업이 발생한다 해도, 이 때문에 어떻게 실업률이 올라가고 그토록 오랜 기간 지속한다는 것인지 이해하기 어렵다. 스티글리츠는 대공황 기간과 1979년부터 1982년까지의 석유파동 기간에 발생한 실업의 원인이 효율임금에 있다고 주장하지만 연관성이 불분명하다.

효율성 임금이론의 발전에 기여한 (스티글리츠와 공동으로 노벨 경제학상을 수상한) 조지 애컬로프(George Akerlof)와 재닛 옐런(Janet Yellen)은 고용주는 설령 자사 제품이 수요가 감소해도 노동자가 자신이 부당하게 낮은 임금을 받는다고 생각할 경우 태만해질 수 있다고 염려해 임금을 낮추기를 꺼린다고 설명한다. 다시 말해 "노동자는 우리 제품에 대한 수요가 떨어진 것을 모르고 태업을 할 수 있다"고 고용주가 판단한다는 것이다.[6]

이 경우에도 노동자의 그릇된 판단으로 실업이 발생한다는 이야기인데, 그렇다면 프리드먼과 루카스의 이론을 반박하던 리스의 주장을 똑같이 적용할 수 있다. 노동자가 경기 불황을 제대로 파악하려면 시간이 얼마나 걸려야 하고, 노동자가 경기를 제대로 파악했다는 사실을 고용주가 파악하려면 또 얼마나 걸려야 하는가? 서브프라임 모기지로 인한 경제 위기 때 확인했듯이 고용주는 임금과 일자리를 감축하는 데 전혀 거리낌이 없다.

효율임금을 받지 않으면 다수의 노동자가 태만해진다는 주장을 뒷받침하는 증거 자료가 제시된 적이 없음에도 샘 보울스(Sam Bowles)에게는 아무 문제가 되지 않은 듯하다. 그는 이른바 근무 태만 문제에 대해 효율임금보다 더 나은 해결책을 제안했다. 효율임금이 효과가 없기 때문이 아니라, 한계생산물가치 임금이론에 의하면 효율임금이 실업을 유발하기 때문이다. 보울스가 제시한 해결책에 의하면, 고용주가 노동자의 임금을 낮추어도 근무 태만을 유발하지 않는다. 그러면 이 해결책이란 무엇인가? 사회주의다. 사회주의 체제에서는 노동자가 그들이 일하는 공장을 소유하므로 애초에 일을 게을리 하지 않을 것이고, 게으름을 피우더라도 동료가 자발적으로 그런 사람을 감시하고 감독할 거라고 설명한다.

경제학은 어떻게 내 삶을 움직이는가

예를 들어 회사의 의사결정 구조를 좀 더 민주적으로 만들고, 순 매출을 좀 더 평등하게 분배한다면 근무 태만을 조장하는 요인을 줄일 수 있다. 업무 속도를 높이거나 근무 태만을 감시하는 데 많은 동료 노동자가 자발적으로 협력하게끔 한다면 근무 태만 방지책으로 소요될 큰 비용을 절감할 수 있다.[7]

사회주의자를 자처하는 한 경제학자가 노동자의 근무 태만으로 발생하는 실업 문제를 다룬 논문을 발표하자, 전미 경제학회 저널의 편집자들은 이 논문의 중요성을 알아보고 1985년 〈아메리칸 이코노믹 리뷰(American Economic Review)〉의 첫머리에 게재했다.

효율임금과 포드 자동차의 일급 5달러 정책

1914년 1월 5일, 헨리 포드는 노동자가 받는 일급을 2달러 34센트에서 5달러로 인상하겠다고 발표했다. 이는 당시 통상적인 임금의 두 배였고, 구직자가 거리를 가득 채우며 구름같이 몰려들었다. 이는 크루거와 서머스에게 효율성 임금이론을 확실하게 증명하는 사례였다. 포드가 임금을 두 배나 올린 것이 노동자에게 더 열심히 일하라고 준 게 아니라면 달리 그 이유를 설명할 수 없다는 주장이다.

그러나 경제사학자인 라프는 포드 자동차 공장의 생산 과정을 직접 검토했고, 이 주장을 뒷받침할 만한 증거를 발견하지 못했다.[8] 새로운 임금을 받는 노동자는 이른바 조립라인이라는 혁신적 방법을 도입한 새 공장에서 일하는 사람들이었다. 조립라인에서는 아예 딴짓을 할 틈이 없다.

그다음으로 라프는 공장 노동자의 이직률을 줄이기 위해 높은 임금을 주는 것은 아닌지 살펴보았다. 1913년 포드 자동차의 이직률은 370%였다. 포드 자동차는 하루에 1만 3,623명을 고용했으며, 1913년에 총 3만 9,575명이 일터를 떠났다. 그리고 수천 명이 해고당했다. 라프에 따르면 이직률은 높았지만 새로운 인력을 교육하는 과정이 쉬워서 포드 자동차에는 크게 문제가 되지 않았다. 1914년에 실제로 포드 자동차의 한 공장 감독은 인력을 대체하는 일이 얼마나 쉬운지 자랑삼아 이렇게 이야기한 적이 있다.

주조 공장 내부를 생전 처음 보는 이주민이라도 이곳에서는 단 사흘이면 숙련된 솜씨로 자동차 한 대의 외부 형틀을 조립할 수 있다. 이게 불가능하다면 우리 공장에 쓸모가 없는 사람이다. 또 내장 부품 금형 작업대를 구경도 못 해봤던 사람이라도 이곳에서는 숙련공이 되는 데 이틀이면 충분하다.[9]

1913년부터 임금을 일당 5달러로 올린 1914년 사이에 이직률은 3분의 2가 감소했다. 하지만 포드 자동차의 이직률만 떨어진 게 아니라 같은 기간에 그 지역의 다른 공장도 같은 비율로 이직률이 감소했다. 어쨌든 임금 5달러가 효율임금이었고 이 때문에 근무 태만이나 이직률이 감소했다고 해보자. 그러면 이 높은 임금 때문에 비자발적 실업이 발생했는가? 포드 자동차가 본래 조립라인에 필요했던 인원보다 더 적은 인력을 배치했는가? 1914년, 즉 새로운 임금이 적용된 해에 포드 자동차의 일용직 근로자는 1,500명 감소했다. 하지만 이듬해 그 수치는 6,000명으로 증가했다. 1913년에 비해 50%가량 증가한 것이다.

라프의 주장으로는 포드 자동차가 임금을 인상한 시기는 새로 개발한 조립라인을 도입한 시기와 일치한다. 조립라인을 도입한 이후 포드 자동차는 파업에 훨씬 취약해져서 임금을 대폭 인상해 작업장의 저항을 줄이려고 했다는 것이다. 그럴 수도 있지만 어쨌든 확실한 것은 포드 자동차의 고용이 매우 증가했다는 사실이다. 높은 이직률로 짐작할 수 있듯이 1913년에 노동시장은 경직되어 있었고, 이런 상황에서 노동자를 대거 새로 채용하려면 임금을 많이 얹어주어야 했다. 하지만 이 때문에 포드 자동차가 인력을 적게 채용하는 일은 발생하지 않았다. 포드 자동차가 제시한 일급 5달러는 높은 임금 탓에 실업이 발생한다는 프리드먼, 루카스, 스티글리츠, 애컬로프, 크루거와 서머스의 주장을 뒷받침하지 않는다.

15장

경영자의 고액 연봉은
당연한 보상일까?

〈그림 15.1〉에서 보듯이 1990년대 이후 최고경영자가 받는 연봉은 기업 이윤과 노동자의 임금 증가율보다 몇 배 빠른 속도로 치솟고 있다. 이쯤 되면 기업 경영진이 받는 보수가 그들의 경영 성과를 반영한다는 주장을 불신하게 되는 것도 당연하다. 앞서 살펴본 대로, 2006년에 화이자 제약 최고경영자인 맥키넬이 받은 고액 보수에 대해 주주들이 이의를 제기했던 사건은 세간의 화제였다.

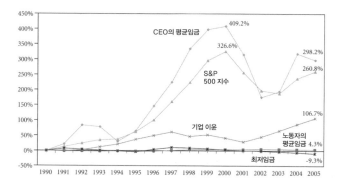

■〈그림 15.1〉 경영진의 보수, 이윤, 임금

출처:사라 앤더슨(Sarah Anderson)과 존 카바나(John Cavanagh) 정책연구소(Institute for Policy Studies), 척 콜린스(Chuck Collins)와 에릭 벤자민(Eric Benjamin) 공정경제연합(United for a Fair Economy), "2006 경영진의 과도한 보수 실태(Executive Excess 2006)"
http://www.faireconomy.org/files/ExecutiveExcess2006.pdf

일찍이 1932년 경제학자 아돌프 벌리(Adolf Berle)와 가디너 민스(Gardiner Means)는《근대기업과 사유재산(The Modern Corporation and Private Property)》에서 최고경영자가 어떻게 주주를 이용해 자기 주머니를 챙기는지 그 원인을 분석한 바 있다. 이 책에 의하면 주식의 소유가 여러 주주에게 분산되면서 회사를 책임질 사람이 없다는 데 문제가 있다. 이런 구조에서 대기업 최고경영자가 지닌 협상력은 무한하다고 봐도 좋다. 그런데 정말 이것이 문제일까? 1976년 마이클 젠슨(Michael Jensen)과 윌리엄 매클링(William Meckling)은 이 문제를 체계적으로 분석했다. 그들이 내놓은 답변으로는, 이러한 소유 구조 때문에 최선의 수준으로 기업이 운영되지 못하는 것은 맞지만, 그렇다고 주주가 이용당하고 있는 것은 아니다.

젠슨과 매클링이 분석한 내용을 이해하려면 기업의 탄생부터 살펴보는 것이 좋다. 자신의 발명품으로 크게 성공을 거둔 한 발명가가 회사를 운영하면서 자기가 받는 임금을 제외하고 회사에서 발생하는 이윤이 연간 1억 달러라고 가정하자. 또 이러한 이윤의 흐름이 영원히 지속된다고 가정하자. 몇 해 뒤에 이 발명가는 회사를 팔고 싶어 한다. 회사를 통째로 사들일 구매자가 많지 않아서 100만 개의 주식을 발행해 100만 명에게 판매했고, 주주는 각각 한 개씩 주식을 소유했다. 일반적으로 투자자는 연간 10%의 이윤을 벌어들인다고 가정하자. 그러면 이 발명가는 회사를 팔아서 총 얼마를 받을 수 있겠는가?

이들 주식의 총 가치는 10억 달러가 될 것이다. 10억 달러가 되어야 금리가 10%일 때 매년 1억 달러의 이윤을 벌어들일 수 있기 때문이다(해마다 연말에 이윤을 인출하고 원금은 이듬해 투자를 위해 다시 예치한다). 하지만 실제로는 회사의 가치가 이보다 낮게 책정될 것이다. 그 이유는 회사의 소유 구조와 관련이 있다.

100만 명이나 되는 소유주가 함께 회사를 운영할 수는 없다. 그러므로 최고경영자를 고용해 그들을 대신해 회사를 경영하게 할 것이다. 앞에서 다루었듯이 최고경영자는 보수 외에도 각종 사치스러운 특혜를 누릴 테지만, 일단 여기서는 최고경영자가 받는 보수 문제에만 집중하자.

최고경영자에게 처음에 주기로 했던 보수는 본래 회사를 소유하던 발명가 본인에게 지급하던 것과 동일한 수준이었는데, 취임한 이후에 자기 임금을 100만 달러로 인상했다고 가정하자. 주주들이 단합해서 이 최고경영자를 쫓아낼 것으로 생각하는가? 주주는 대부분 임금 인상이 있었는지조차 통보받지 못했을 가능성이 높다. 각 주주가 1달러만 손해를 보면 되는데 경영진이 굳이 그런 사실을 알리겠는가? 설령 주주에게 돌아가는 손실이 이보다 훨씬 크더라도, 최고경영자에게 반대하는 의견을 모아 개진하는 일은 비용이 만만치 않아서 개별 주주 입장에서는 얻는 것보다 잃는 게 많다.

공식적으로 경영진의 연봉은 경영진이 직접 결정하지 않고 이사회에서 맡는다. 문제는 최고경영자가 터무니없이 많은 보수를 챙길 경우 최고경영자와 이를 승인한 이사들을 누가 징계하느냐는 것이다. 사외이사직은 누구나 탐내는 자리다. 2001년 상위 200개 기업을 조사한 결과 사외이사는 평균 15만 3,000달러의 연봉을 받았다. 사외이사는 경험이 풍부한 사업가인지라, 돈을 지급하는 주체는 주주이지만 대부분은 주주가

지명한 사람이 아니라 최고경영자가 지명한 사람이 사외이사가 된다는 사실을 잘 알고 있다.[1]

젠슨과 매클링에 의하면, 그렇다고 기만당해서 손해를 볼 사람은 아무도 없다. 발명가의 회사 주식을 구매하려는 사람도 이런 속임수가 있을 가능성을 인지하고 있으므로 한 주당 1,000달러를 주고 주식을 구매할 생각은 없다. 한 주당 500달러만 지불할 경우 발명가가 팔려고 한 기업의 시가총액은 애초에 기대했던 10억 달러가 아니라 5억 달러가 된다. 최고경영자가 받을 고액 연봉과 자신이 기만당할 가능성까지 주가에 반영되는 것이다. 회사의 소유권을 여러 개인에게 분산하기로 한 발명가는 이 때문에 발생할 모든 결과를 감당해야 한다.

젠슨과 메클링은 기업의 소유권이 분산되어 발생하는 문제를 분석하며 이를 "대리인 문제"라고 불렀다. 기업은 소유주 혼자서 경영하는 것이 아니라 여러 소유주의 대리인인 최고경영자가 경영하기 때문이다. 그들의 이론은 "대리인 이론"으로 알려져 있다.

최고경영자가 주주의 눈치를 살펴야 할 일은 별로 없지만, "기업 사냥꾼"의 눈치는 볼 수밖에 없다는 주장이 자주 제기된다. 기업 사냥꾼은 "적대적 인수합병"을 하거나 주주에게 손실을 입히는 최고경영자를 해고하겠다고 위협할 수 있는 존재다. 이 주장에 의하면 최고경영자와 사외이사를 착하게 굴게 하는 역할을 하는 사람이 기업 사냥꾼인 셈이다. 기업 사냥꾼이 이런 일을 하는 동기는 무엇일까? 왜 기업 사냥꾼이 이

경제학은 어떻게 내 삶을 움직이는가

역할을 충실히 이행하리라고 생각하는가? 일단 나쁜 최고경영자와 사외이사를 좋은 최고경영자와 이사로 대체하면 주가가 오를 것이고, 그것으로 자기 노력에 대한 보상을 챙길 수 있다.

물론 이 주장에는 심각한 논리적 결함이 있다. 기업 사냥꾼이 회사 주식을 팔고 나면 기업 경영은 다시 방만해질 것 아닌가. 기업 사냥꾼이 그 회사의 주식을 보유하고 있는 동안에만 주가가 높게 유지된다. 게다가 주주에게 더 큰 손실을 입히는 원인을 제공하기도 한다. 최고경영자와 사외이사가 기업 사냥꾼에게서 자신을 보호할 목적으로 기업의 이윤으로 자기 잇속을 챙기는 데 더욱더 열심을 낼 수 있기 때문이다.

경영진을 공격해 한몫 크게 챙긴 대표적인 인물로 로스 페로(Ross Perot)가 있다. 1986년 페로는 제너럴 모터스(이하 GM)의 발행주식 0.8%를 매입해 적대적 인수합병의 발판을 마련하고, 이 지위를 이용해 이사회의 일원이 되었다.[2] 페로는 탐탁지 않은 GM의 경영방식을 노골적으로 비난했다. 페로가 보기에 GM은 결과 지향적이기보다는 절차 지향적이었고, 기업의 중역들은 평사원이 들어오지 못하는 별도의 식당에서 식사를 했다. 무엇보다 큰 문제는 사외이사가 경영진과 한통속이 되어 주주를 배신했다는 것이다. 페로는 기업의 주인은 주주라고 강조하면서 기자들에게 열변을 토했다.

"주주를 만족시키기 위해 경영자가 일해야 한다는 사실을 분명히 해야 합니다. (……) 소유권이 분산된 굴지의 기업을 운영하는 경영자가 주주의 이익을 대변해야 할 사외이사를 사실상 자기들 손으로 임명할 수 있는 위치를 장악했습니다. (……) 이사회가 로저 스미스 최고경영자의 거수기입니까? 그럴 수는 없습니다! 최고경영자가 우리 주주의 거수기가 되도록 개선해야 합니다."[3]

GM을 개선하기 위한 페로의 다음 행보는 무엇이었을까? 주주총회를 열어 최고경영자와 그에게 협력하던 사외이사를 몰아냈을까? 아니, 그는 훨씬 더 영리하게 처신했다. 이사회에서는 페로가 보유한 지분을 넘겨받는 조건으로 7억 4,280만 달러를 제시했다. 당시 페로가 보유한 지분이 시가로 3억 9,600만 달러였으니 주주의 주머니에서 3억 4,680만 달러를 챙긴 셈이다.

또한 페로는 GM을 비방하지 않기로 하고 이를 어길 시에 750만 달러의 위약금을 물어야 한다는 합의문에도 서명했다. 하지만 자기가 챙길 돈 역시 훔친 돈이라는 사실을 부정할 수 없었는지 본인의 도적질에도 반감을 드러냈다.

"GM이 많은 돈을 이렇게 쓰는 게 과연 GM의 자금을 최대한 유익하게 활용하는 방법일까요? (……) 저는 사외이사에게 옳은 일을 할 기회를 드리고 싶습니다. 그들이 이 문제로 7억 5,000만 달러나 쓰려고 하다니 저로서는 이해가 되지 않군요."[4]

물론 페로는 이런 말을 하고 나서도 그 돈을 챙겼고 750만 달러의 위약금을 물고 싶지 않았던 터라 GM에 대해서는 입을 다물었다. 그리고 이

사회는 4년 뒤에 GM의 최고경영자인 로저 스미스(마이클 무어의 다큐멘터리 〈로저와 나(Roger & Me)〉로 악명이 높다)가 퇴직할 때, 퇴직 수당을 두 배로 올려 매년 120만 달러를 받을 수 있게 했다.[5]

페로는 총이 아니라 돈을 이용해 GM의 로저 스미스를 위협했다. 이런 식으로 경영자를 위협해 터무니없이 비싼 값에 자신이 보유한 주식을 되파는 행위를 '그린메일(greenmail)'이라고 한다. 최고경영자는 웃돈을 두둑하게 얹어주고 그린메일러(greenmailer, 기업 사냥꾼-옮긴이)의 주식을 매입하거나 독소조항을 개발해 인수합병으로부터 자신을 보호한다. 고용 계약서에 '황금낙하산' 조항을 넣어 자신의 신분을 보장받는 것을 비롯해 아무리 방만하게 기업을 경영해도 인수합병 시에는 경영진이 막대한 보상금을 받도록 해서 인수자가 기업을 인수하더라도 금전적으로 이득을 보지 못한다는 인상을 심어주는 것이다. 이 모든 장치에서 공통으로 드러나는 사실은 경영진의 보수와 성과는 서로 무관하다는 것이다.

최고경영자와 이사회가 자신들을 기만할 가능성을 주주도 정확히 예측하고 있으므로 어떤 손해도 입지 않는다고 주장하는데, 과연 이 말이 사실일까? 엔론 사 직원들을 보면 이 주장은 사실이 아니다. 기업 최고경영자와 임원의 꾐에 넘어간 직원들은 평생 저축한 돈을 투자해 자신이 일하는 기업의 주식을 사들였고, 결국 그들이 가진 전부를 잃어버리고 말았다.

또한 임원이 직원들에게는 엔론 주식을 더 많이 사라고 권고하면서도 정작 뒤에서는 자신이 보유한 주식을 팔아치우고 있었다는 사실도 전혀 알지 못했다. 맥키넬 회장이 형편없는 성과를 내고도 터무니없이 많은 보수를 챙긴 것에 놀랐던 화이자 제약 주주들을 보아도 이 주장은 사실이 아니다. 미국 의회도 최고경영자가 챙기는 보수와 성과 사이에 아무런 연관이 없다는 사실에 충격을 받았다.

2007년 메릴린치의 최고경영자 스탠리 오닐(Stanley O'Neal)은 자기가 설계한 투자 전략 때문에 기업이 80억 달러의 손실을 보자 자리에서 쫓겨나면서 퇴직 수당 1억 6,000만 달러를 챙겼다. 오닐과 메릴린치 이사회 의장은 소환을 받아 재무위원회 청문회에 출석했다. 오닐이 아무리 저조한 성과를 내더라도 그의 고용 계약서에는 임금을 삭감할 수 있는 조항이 없다는 사실이 밝혀지자 상원의원 헨리 왁스맨(Henry Waxman)과 이 사건을 취재하던 기자들은 당혹감을 감추지 못했다.

〈그림 15.1〉에서처럼 기업의 이윤과 무관하게 치솟는 경영진의 연봉 때문에 문제를 일으키는 기업은 비단 화이자 제약이나 메릴린치만이 아니다. 기업 이윤과 경영진의 보수 사이에 연계성이 없다고 할 때, 기업이 장차 어떻게 될지 주주들이 무슨 수로 예측한단 말인가? 주주들이 '대리인 비용' 때문에 손해를 보는 일은 없다고 젠슨과 메클링은 확신했지만, 이는 사실로 입증된 적이 없다.

경제학자 자비어 가바이(Xavier Gabix)와 어거스틴 랜디어(Augustin Landier)는 기업의 시가총액이 증가하는 만큼 경영진의 보수도 함께 증가한다는 사실을 알아냈다.[6] 이는 경영진의 보수가 부당하게 높게 책정될 뿐 아니라, 경영진이 기업의 이윤 창출과는 무관하게 시가총액을 높이는 데 몰두할 수 있음을 의미한다. 앞서 살폈던 벌리와 민스의 이론을 이용하면 쉽게 이해할 수 있다.

기업 가치가 1억 달러일 때 최고경영자가 보수로 1억 달러를 받으면, 1달러 주식을 지닌 주주가 최고경영자에게 지급해야 하는 비용은 1달러다. 하지만 기업 가치가 100억 달러로 올라가면, 1달러 주식을 지닌 주주가 지급해야 하는 비용은 1센트의 10분의 1밖에 되지 않는다.

중소기업에서는 경영진이 주주의 감시를 피하려고 오히려 적극적으로 인수합병 활동을 추진하기도 하는데, 그들은 이 같은 시도가 기업에 실질적으로 유익한지 전혀 개의치 않는다. '파킨슨 법칙'에 의하면 조직은 업무량과 관계없이 관리자의 수를 늘리는 성향이 있다. 특히 기업은 이 문제가 훨씬 심각하다. 경영진이 효율성과 상관없이 기업의 몸집을 불리는 일이 가능한 것도 경영진에게 제공되는 각종 특혜는 물론 그만한 금전적 유인이 따르기 때문이다.

임금, 경영진의 연봉, 기업 이윤, 팀 생산

생산은 팀으로 이루어지는 활동이다. 노동자 한 명, 관리자 한 명, 기계한 대라도 각 주체가 기여한 것만 분리해 생산성을 평가할 수 없다. 생산과정만 보아서는 각 생산 주체가 생산물의 가치를 얼마씩 나눠 가져야 하는지 결정지을 수 없다는 것이다. 그렇다면 생산에 기여한 주체들이 생산물을 얼마씩 분배해야 하는지는 누가 결정하는가? 현재 그 몫을 결정하는 사람은 경영자이고 경영자가 가장 큰 몫을 가져간다. 노동자와 주주는 이들 앞에서 무력하다.

하지만 바꿀 수 없는 이치는 아니다. 경영진이 지닌 힘은 기업의 소유권이 다수의 개인에게 분산되어 있는 구조에 기인한다. 대량 생산 체계의 특성상 이 구조를 바꿀 수는 없다 해도 이 구조를 경영진이 남용하지 못하도록 제도를 바꿀 수는 있다. 누군가 다른 이들을 이용하고 착취하지 못하도록 막는 것이 정부의 역할이다. 따라서 경영진이 받는 최고임금과 노동자가 받는 최저임금의 적정 격차를 정하고, 주주가 차지할 소득과 노동자가 받을 총임금의 적정 격차를 정하는 것도 정부의 역할이다. 이 비율은 얼마로 정해야 할까? 정치적 합의를 거쳐 공정한 비율을 결정하고 이를 법으로 명문화해야 한다.

논란의 여지가 있겠지만, 경제학자들이 주장하는 임금이론을 학교에서 가르칠 때 우리 사회에 미치는 폐해는 창조설 교육이 미치는 폐해보다 훨씬 크다. 모든 학교에서 경제 과목으로 주류 경제학의 임금이론을 가르치고 있는데, 이론의 잘잘못을 따지거나 비판하는 일은 없다. 물론 그 이유를 이해하기는 어렵지 않다. 종교를 과학인 양 가르치면 모두

가 피해를 보지만, 경제를 과학인 양 가르치면 피해를 입지 않는 이들도 있기 때문이다. 노동자는 손해를 보고 경영진과 자본가는 이득을 본다. 경제학을 공부하고, 경제학자를 고용하고, 학교에 후원금을 기부하는 사람도 경영진과 자본가다.

함께 창출한 생산물을 공정하게 분배하기 위해 지금까지 우리는 작업 현장과 정치 현장에서 싸우고 있다. 하지만 "노동자가 일한 만큼 그 몫을 지급받고 있다"는 거짓말을 학교에서 가르친다면 이제 교실에서도 그 싸움을 시작해야 한다.

부자의 거짓말, 경제학의 거짓말

주류 경제학의 신조에 의하면 부자와 힘 있는 자에게 이로운 것이 경제에도 이롭다. 경제학은 과학을 가장하고 있지만, 실은 다음과 같은 두 가지 신화를 영속시키며 우리를 인질로 잡고 있다. 첫째, 경제 형평성과 효율성은 별개의 문제이며 또 별개의 문제로 다뤄야 하고, 부자가 소유한 자원을 가난한 사람에게 이전하는 모든 정책은 '비효율적'이다. 둘째, 노동자의 하찮은 시급이든 경영자가 받는 천문학적 연봉이든 사람들이 벌어들이는 임금은 그가 창출한 생산물 가치와 일치한다.

신고전파 경제학자는 고전파 경제학자가 제시한 소득 재분배와 임금 이론을 공격했지만, 그들의 주장은 인간에 대한 애정도 부족하고 이론적 근거도 빈약했다. 부디 이런 사실이 이 책에서 잘 드러났기를 바랄 뿐이다. 신고전파 경제이론은 인도네시아에서 식량 위기가 일어났을 때 정부가 식량 보조금을 폐지해야 할 근거로 사용되었고 제3세계 국가의 환경 규제를 느슨하게 풀어야 한다는 근거로도 사용되었지만, 하나같이 굶주림과 죽음을 초래했을 뿐이다.

다수의 미국인이 불행한 삶을 영유하는 데에는 신고전파 경제이론이 주장하는 효율성과 임금이론에 직·간접적으로 책임이 있다. 수백만 명의 학생이 가족을 부양하기 위해 일터로 나가야 하는 처지이지만 미국 정부는 아동 보조금을 지급하지 않는다. 평균 사회보장연금이 빈곤선에도 못 미치기 때문에 수백만 명의 노년층이 노동을 계속 해야 하지만, 고소득자에게 세금을 부과해 사회보장 재원을 확충하는 일은 하지 않는다. 수백만 명의 젊은이가 등록금을 내지 못해 대학에 들어가지 못할 뿐 아니라 대학생 중에도 수백만 명이 일을 해야 하는 형편인데도 1980년 이후로 공립대학 등록금은 평균임금보다 4배나 빠르게 증가했다. 보통 사람들을 돌보는 사회 정책이나 경제 정책을 논의하려고 할 때면 어김없이 경제학자들이 등장해 이렇게 반문하곤 한다.

"그런데 그게 경제에도 이로울까요?"

마치 경제가 일반 대중의 최대 이익과 무관한 어떤 실체라도 되는 양 말이다. 정부에서 집행하는 대부분 정책은 자금이 필요하고 세금을 거둬야 하지만, 우리는 세금을 거두는 일 자체가 "경제에 해롭다"는 말을 자주 듣는다. 그러나 앞에서 살펴본 대로 세금이 경제에 해를 끼친다는 증거는 어디에도 없다. 사실 최고 한계세율이 오늘날보다 두 배나 높게 책정되는 경우가 많았던 1948년부터 1981년 사이에 경제는 빠르게 성장했다.

무엇보다 애초에 누진세부터 임대료 상한제, 식량 보조금, 메디케이드 등 다양한 재분배 정책이 필요해진 배경에는 미국 정부가 현대 경제학자들이 설계한 임금이론을 유익한 이론으로 받아들인 까닭이 크다. 이 임금이론에 따라 노동자들은 근근이 살아가기에도 부족한 임금을 받고 있으며 경영진은 끔찍하게도 많은 임금을 받고 있다. 노동자의 평균임금과 경영진의 평균임금 간의 격차는 그 비율이 400대 1이 넘는다.

앞에서 설명했듯이, 개인이 벌어들이는 임금이 그가 창출한 생산물의 가치에 따라 결정된다는 주장은 근본적으로 잘못되었다. 생산은 팀으로 수행되고, 한 구성원의 생산물은 전체 팀의 생산물에서 분리할 수 없다. 주류 경제학자들의 반론에도 불구하고, 임금은 협상 테이블에 앉은 노동자가 보유한 협상력에 따라 결정된다. 고전파 경제학자들은 200년 전에 이미 노동자의 임금과 권력의 상관관계를 파악했다. 후대에 클라크와 그를 추종하는 신고전파 경제학자가 이를 의도적으로 모호하게 만들었을 뿐이다.

힘의 논리가 지배할 때 이를 교정할 수 있는 방책은 법의 논리가 지배하도록 만드는 것이다. 노동자의 열매를 불공정하게 분배하지 못하도록 감시하는 새로운 법을 제정해야 한다. 예를 들자면 첫째, 회사에서 경영진이 받는 최고임금과 노동자의 최저임금 간에 적정한 격차를 정한다. 둘째, 노동자와 주주들과의 소득 분배와 관련해서도 적정 격차를 정한다. 셋째, 최저임금을 평균임금 수준으로 인상한다. 그러면 최저임금이 일정한 생계임금이 되는 효과를 끌어낼 수 있다.

만약 현재 받는 연봉보다 소득이 줄어들 경우 경영자가 열심히 일하려고 할지 걱정이 된다면, 이 문제는 이미 앞서 확인했다. 경영자의 근로 의욕과 임금 수준은 무관하다. 1980년에 레이건 대통령이 당선된 이후 최고 한계세율이 대폭 인하되었지만 그렇다고 경영자가 더 많은 시간 일하려고 하지 않았다. 하지만 경영자의 임금이 줄어든다면 그들의 과도한 소비는 분명 줄어들 것이다. 지나치게 큰 규모의 아파트부터 공공용지를 잠식해가는 개인 목장이나 개인 해변, 소수의 부유한 환자만 치료하겠다고 나서는 의사에 이르기까지(덕분에 우리의 건강마저 위협받게 되었다), 경영자가 자신의 정당한 몫 이상으로 많이 차지하고 있어 나머지 보통 사람들에게는 아주 적은 몫이 돌아오고 있다.

만약 아이들과 대학생, 노인이 일하지 않아도 되는 사회 정책이 법으로 정착된다면, 현재 미국의 1인당 명목 GDP인 4만 7,000달러가 10%가량 줄어든다. 줄어든 금액이 '혹시 적게 느껴질지도 모르지만' 1인당 명목 GDP 4만 2,000달러에 우리 사회의 부를 공정하게 분배하는 새로운 정책이 정착되면, 4인 가족 기준으로 모든 가구는 연간 16만 8,000달러의 재원을 얻게 된다. 이 정도의 풍족함이면 자녀에게 유년기를 되찾아주고, 자격이 있는 젊은이들에게 대학 교육을 제공하고, 모든 노인에게 마음 놓고 은퇴할 기회를 제공하고도 돈이 넉넉히 남을 것이다.

경제는 곧 우리 삶이다. 하지만 우리 삶은 안녕하지 못하다. 우리는 경제학이 우리 같은 보통 사람들의 이익에 반하는 무기로 이용되지 않고 우리가 더 잘 사는 길을 보여주는 학문이 되도록 만들어야 한다.

감사의 글

많은 사람이 이 책의 집필에 도움을 주었다. 내 친구이자 동료인 톰 러셀(Tom Russell)은 초고를 전부 읽고 또 각 부분을 수차례 읽었으며, 늘 건설적인 비평을 들려주었다. 이 책의 내용과 관련해 그와 토론하며 보낸 시간은 즐겁고 유익했다. 진심으로 그에게 감사한다. 동료인 파노스 마브로케팔로스(Panos Mavrokefalos)와 유리 로넨(Uri Ronnen)도 빼놓을 수 없다. 두 사람도 다듬어지지 않은 원고 일부를 읽고 개선할 점을 지적해주었다.

밴 아스데일 노동연구센터(Van Arsdale Center for Labor Studies) 소장인 마이크 메릴(Mike Merrill)은 항상 나를 격려해주었다. 더불어 시몬 카위츠키(Simon Kawitzki), 래리 미첼로티(Larry Michelotti), 케림 오데콘(Kerim Odekon), 스티브 셰프린(Steve Sheffrin)이 원고를 읽고 유익한 조언을 해주었다.

더 뉴 프레스(The New Press) 출판사의 다이앤 와치텔(Diane Wachtell)은 매우 꼼꼼하고 세심한 편집자다. 작가라면 누구나 이런 편집자와 일하고 싶을 것이다. 와치텔은 원고를 재구성하면서 비교문학의 관점에서 모든 주장이 이해될 수 있게 해야 한다고 고집했다. 사실 이는 매우 높은 기준이었다. 편집장 모리 보튼(Maury Botton)과 원고 정리 편집자인 닉 테일러

(Nick Taylor)도 큰 도움이 되었다. 이 책은 더 뉴 프레스 출판사의 콜린 로 빈슨(Colin Robinson)이 애초에 계약에 서명하지 않았다면 탄생하지 못했을 것이다.

이 책에서 다루고 있는 문제는 부모님과 함께 저녁 시간에 종종 논의 하던 화제였고, 부모님과 누이 야엘 베인만(Yael Weinman)이 내 사고에 큰 영향을 미쳤다. 사촌 시 아들러(Sy Adler)는 내가 대학원에 다닐 때 중요한 선택의 순간에 부자가 되고 싶은지 박사학위를 완수하고 싶은지를 묻기 도 했다. 시에게 감사한다.

아내 엘렌(Ellen)은 기운을 북돋우며 힘을 실어주었을 뿐 아니라 책의 구성에도 귀중한 도움을 주었다. 내가 원고를 쓰고 나면 그녀가 곧바로 읽었고, 모든 페이지에 그녀의 조언이 들어가 있다.

이 책은 컬럼비아 대학교, 프랫 연구소(Pratt Institute), 반 아스데일 센터 의 학생들과 나눈 대화에서도 큰 도움을 입었다. 이 주제를 함께 탐구한 그들 모두에게 감사한다.

1장

1) 교황 레오 13세, "새로운 사태: 자본과 노동에 대한 회칙(Rerum Novarum: Encyclical on Capital and Labor)", 1981, 바티칸 문서, 6번째 문단, http://www.vatican.va/holy_father/leo_xiii/encyclicals/documents/hf_1-xiii_enc_15051891_rerum-novarum_en.html (2009. 6. 29 참조).

2) 빌프레도 파레토(Vilfredo Pareto), 《정치경제학 지침(Manual of Political Economy)》, 앤 슈비어(Ann S. Schwier) 옮김, 앤 슈비어(Ann S. Schwier)와 앨프리드 페이지(Alfred N. Page) 엮음(New York, A.M. Kelley, 1971) 93쪽.

3) 같은 책, 48쪽.

4) 제러미 벤담(Jeremy Bentham), 《시민법의 원리(Principles of the Civil Code)》, 제1부(Oxford Press, 1789), 제6장, http://www.laits.utexas.edu/poltheory/bentham/pcc/pcc.pa01.c06.html (2009. 6. 29 참조).

5) 러너(A. P. Lerner), 《규제의 경제학: 복지의 원리(The Economics of Control: Principles of Welfare Economics)》(New York: Macmillan, 1944), 곤살로 폰세카(Gonçalo L. Fonseca)가 재인용, "파레토 시스템(Paretian System)" The History of Economic Thought Web site, http://cepa.newschool.edu/het/essays/paretian/paretoscocial.html.

2장

1) 이 사례는 할 베리언(Hal Varian), 《중급 미시경제학(Intermediate Microeconomics)》(New York: Norton, 2005)에서 채택.

2) 여기서 우리는 각 아파트의 세입자가 아무런 마찰을 일으키지 않고, 어떤 비용도 초래하지 않고 들어오거나 나갈 수 있다고 가정했다. 집주인은 원하면 사전에 통보할 필요 없이 세입자를 내보낼 수 있고, 같은 방식으로 세입자도 사전에 통보하지 않고도 마음대로 집을 비울 수 있다. 이 같은 가정은 비현실적이지만

파레토 효율성을 이해하는 데에는 아무런 차이가 없다.

3) 좀 더 정확하게 계산하면 다음과 같다. 먼저, G 가구는 대안 I과 대안 II에서 아무런 차이를 느끼지 못한다.

I = (시내 아파트, 월 1,500달러) II = (근교 아파트, 월 1,200달러)

만약 G 가구가 임대료 규제를 받는 아파트를 구해 월세 500달러를 내야 한다면, 대안 III과 대안 IV에서 아무런 차이를 느끼지 못한다.

III = (시내 아파트, 월 500달러) IV = (근교 아파트, 월 1,200달러, 월 1,000달러의 소득)

요컨대, 임대료 규제를 받는 아파트에서 사는 안이나 근교 아파트에서 살며 추가로 월 1,000달러의 소득을 얻는 안은 아무런 차이가 없다. 만약 G 가구가 월 4,000달러에 아파트를 재임대한다면, 집주인에게 월세를 낸 뒤에 얻는 소득이 월 3,500달러가 된다. 이것은 대안 V이다.

V = (근교 아파트, 월 1,200달러, 월 3,500달러의 소득)

대안 V가 IV보다 선호된다. 같은 아파트를 가지고 더 높은 소득을 얻기 때문이다. 대안 IV는 III과 같으므로 역시 III보다는 V가 더 선호된다.

4) 이 사례가 인위적으로 보일지도 모른다. 정작 월 1,500달러 이상 낼 여력도 없는 가난한 가구가 임대료 규제를 받는 아파트에서 살고, 그 가구가 1,500달러 이상의 월세를 제의해오는 다른 가구에 재임대할 것이라고 주장했으니 말이다. 현실에서는 비록 이 가구가 월 1,500달러 이상을 낼 여력이 없더라도, 더 높은 금액을 제시받지 않는다면 아파트를 포기하지 않을 가능성이 있다. 심지어 월 6,000달러를 준다는 제안에도 아파트를 포기하지 않을 가능성도 있다. 이럴 경우 임대료 규제는 결국 파레토 효율적이다. 4장에서 이 문제를 더 다룰 것이다. 하지만 파레토 효율이 무엇인지 설명하기 위해, 더 중요하게는 경제학자가 이 개념을 어떻게 적용하는지 설명하기 위해 한 가구가 자신의 유보가격보다 많은 금액을 제시받을 경우에는 먼저 차지한 아파트를 기꺼이 비워줄 것으로 가정한다.

5) 로이 F. 해러드(Roy F. Harrod), "경제학의 범위와 방법(Scope and Method of Economics)," Economic Journal 48, 191 (1938. 9) 397쪽.

6) 니콜라스 칼도(Nicholas Kaldor), "후생경제학과 개인 효용 비교(Welfare Propositions of Economics and Interpersonal Comparisons of Utility)",

Economic Journal 49, 195(1939. 9) 549~552쪽.

7) 존 힉스(John Hicks), "후생경제학의 기초(The Foundations of Welfare Economics)", Economic Journal 9, 195(1939. 9) 696~712쪽, 존 힉스 (John Hicks), "사회적 소득의 평가(The Valuation of Social Income)", Economica 7, 26(1940. 5) 105~124쪽, 폰세카(Fonseca)의 〈경제학사 웹사이트(The History of Economic Thought Web site)〉에서 인용.

8) 미국 관리예산처(U.S. Office of Management and Budget), "회람문서 A-4호(Circular A-4)", 2003. 9. 17, http://www.whitehouse.gov/mb/circulars/2004/a-4.pdf.

9) 비용편익 분석과 관련한 다른 문제들은 프랭크 애커맨(Frank Ackerman) 과 리사 하인처링(Lisa Heinzerling)의 《값을 매길 수 없는 것: 모든 것의 가격 과 아무것도 아닌 것의 가격을 아는 일(Priceless: On Knowing the Price of Everything and the Value of Nothing)》(New York: The New Press, 2005) 을 참조할 것.

10) 휴 록오프(Hugh Rockoff), "가격 규제(Price Controls)", 《Concise Encyclopedia of Economics》(제2판, 2008), http://www.econlib.org/library/Enc/PriceControls.html(2009. 5. 26 참조).

11) 프라임타임 라이브(Primetime Live) 쇼, 1997. 2. 19. 대본은 다음 주소에서 구할 수 있음. http://www.tenant.net/nytenants-announce/nytenants-a-digest.9703 (2009. 5. 26. 참조).

12) 미국 인구조사국(Census Bureau)에서 3년마다 실시하는 뉴욕 주택 및 공실 률 조사 발표 자료에는 규제 월세가 아닌 실제 지불한 월세만 나열되어 있다.

13) R.M. 앨스턴(R.M. Alston), J.R. 컬(J.R. Kearl), M.B. 보간(M.B. Vaughan), "1990년대 경제학자들은 합의를 보았는가?(Is There a Consensus Among Economists in the 1990s?)", American Economic Review 82(1992. 5) 203~209쪽.

14) 월터 블록(Walter Block), "임대료 규제(Rent Control)", Concise Encyclopedia of Economics(제2판, 2008), (2009. 5. 26 참조). http://www.econlib.org/library/Enc/Rent-Control.html. 이 비유의 출처를 윈스턴 처칠에게 돌리는 사람도 있다. 다음 글을 참조할 것. "Reality Bites"

경제학은 어떻게 내 삶을 움직이는가

Somerville(MA) News (2005. 10. 17) http://somervillenews.typepad.
com/the_somerville_news/2005/10/reality_bites_f.html (2009. 5. 26 참조).

15)뉴욕 시의 임대료 규제 아파트는 임대료 안정화 혹은 임대료 상한제를 적
용받는 아파트를 말한다. 임대료 상한제 아파트 세입자의 평균 소득은 2만
2,200달러다. 뉴욕 시 도시개발 계획국의 "주택 보급 및 공실률, 초기 조사결
과(Housing and Vacancy Control, Initial Findings)"(2005)를 참조할 것.
http://www.nyc.gov/html/hpd/downloads/pdf/2005-Housing-and-
vacancy-survey-initial-findings.pdf (2009. 5. 26 확인).

3장

1) 마이클 리처드슨(Michael Richardson), "수하르토 대통령, 국제통화기금 요
구를 거부할 것인가(Will Suharto Defy the IMF)", International Herald
Tribune (1998. 2. 16) http://www.iht.com/articles/1998/02/16/imf.t_2.php
(2009. 5. 26 참조).

2) 폴 블러스틴(Paul Blustein), "재무부 차관 루빈, 인도네시아 구제금융 대책 위
기(Rubin says IMF Bailout of Indonesia Is in Danger)", Washington Post,
1998. 3. 4.

3) 그렉 팔라스트(Greg Palast), Journalism and Film, http://www.gregpalast.
com/the-globalizer-who-came-in-from-the-cold (2009. 6. 29 참조).

4) 조사한 자료에 의하면 뉴욕 시의 소매점 정규직 노동자들 가운데 49%가 의료
보험에 들지 못했다. 모셰 애들러(Moshe Adler), "노동조합과 빈곤: 뉴욕 소
매점 사례(Unionization and Poverty: The Case of the New York Retail
Industry)" (working paper 127, Economic Policy Institute, Washington
DC, 2003. 12), http://www.epinet.org/workingpapers/wp127.pdf.

5) 마틴 펠드스타인(Martin Feldstein), "사회보장제도를 다시 생각한다
(Rethinking Social Insurance)", American Economic Review 95(2005. 3)
10쪽.

6) 존 A. 나이만(John A. Nyman), 《의료보험 수요 이론(The Theory of Demand
for Health Insurance)》 (Standford Economics and Finance, Stanford,
California: Stanford University Press, 2003) 3장.

7) A. 마크 펜드릭(A. Mark Fendrick)과 마이클 E. 체르뉴(Michael E. Chernew), "가치 기반의 보험 설계: 의료비용 억제와 품질 향상의 간극을 메우기 위한 유인책(Value-based Insurance Design: Aligning Incentives to Bridge the Divide Between Quality Improvement and Cost Containment)", The American Journal of Managed Care 12 (2006. 12) 1~10쪽.

8) 매트 비벤스(Matt Bivens), "하버드의 '적절한 선택'(Harvard's 'Fitting Choice')", The Nation, 2001. 6. 25, http://www.thenation.com/doc/20010605/bivens.

9) 임금이 저렴하다는 점에서 제3세계에서 환경오염을 제어하는 비용은 제1세계에 비해 훨씬 적게 들지도 모를 일이다. 하지만 노동력 외에도 환경오염 제어에는 세계 시장에서 거래되는 또 다른 요소들이 개입되어 있다. 예를 들어 발전소는 석탄 대신 기름을 태울 때 오염물질을 덜 배출한다. 그러므로 생명의 가치는 임금 수준에 비례하지만, 환경오염 제어 비용은 그렇지 않다. 우리가 살핀 예에서 제3세계 환경오염 제어 비용이 400만 달러가 아닌 300만 달러라고 해도, 환경오염을 제어하는 데 비용을 쓰지 말아야 한다는 결론은 여전히 유효하다.

10) 로런스 서머스(Lawrence Summers), The Whirled Bank Group, 2001, http://www.whirledbank.org/ourwords/summers.html.

11) 짐 야들리(Jim Yardley), "향후 중국의 경제호황으로 오염된 공기를 마실 수 있다(China's Next Big Boom Could Be the Foul Air)", New York Times, 2005. 10. 30, A1면.

4장

1) J.K. 호로위츠(J.K. Horowitz)와 K.E. 맥코넬(K.E. McConnell), "수용의사 금액/지불의사 금액 연구(A Review of WTA/WTP Studies)", Journal of Environmental Economics and Management 44, 3 (2002. 11) 426~447쪽.

2) 허버트 호벤캄프 변호사는 수용의사 금액과 지불의사 금액 간에 차이가 있기 때문에 정부가 생활에 꼭 필요한 것들을 가난한 사람에게 지원해야 한다고 주장한다. 식량과 주택 등 생존에 직결되는 재화가 부족한 가난한 사람의 수용의사 금액은 이런 재화를 충분히 소유한 부자의 지불의사 금액보다 높다고 설명한다. 이런 재화는 가난한 사람이 소유할 때 가치가 더 높아지므로 재분배하면 사회의

부가 극대화된다. 이는 두 가지 사소한 차이점이 있지만 벤담의 주장을 다시 반복한 것이나 마찬가지다.

호벤캄프의 주장은 사회의 목표가 부를 최대화하는 것이라는 전제에서 출발하고, 이 목표로부터 정부가 재분배해야 하는 유일한 재화가 생필품이라는 결론을 도출한다. 하지만 사회의 목표가 복지를 최대화하는 것이라면, (벤담이 보여주었듯이) 재분배는 단순히 생필품을 구매하는 데 필요한 총액이 아니라 모든 소득과 관련해 이루어져야 한다.

허버트 J. 호벤캄프(Herbert J. Hovenkamp), "국가 정책과 보유효과(Legal Policy and the Endowment Effect)", Journal of Legal Studies 20 (1991. 6) 225~247쪽.

3) 화이자 제약은 해당 지역 강제철거설을 전면 부인했다. 테드 만(Ted Mann) 기자의 보도에 의하면, 화이자 제약은 홈페이지에 다음과 같이 주장했다. "우리는 당사가 이 문제와 어떻게든 관련이 있다고 의혹을 제기하며 대중을 호도하는 거짓 주장들이 언론에 보도되고 있음에 심히 놀라지 않을 수 없고 … 당사는 문제가 되고 있는 그 토지의 개발과 관련해 어떤 요구도 한 바 없으며 아무런 관심도 없음을 밝힌다."

〈뉴런던 데이(New London Day)〉의 테드 기자는 관련 사실을 조사해 이 같은 회사의 주장에 의혹을 제기했다. "1997년과 1998년 당시 존 G. 롤랜드(John G. Rowland) 주지사 시절의 지자체 담당 공무원이 거대 제약회사가 뉴런던에 연구소를 건설하도록 도왔던 시절, 주 정부 기록과 보고 내용을 몇 달간 검토한 끝에 회사 쪽의 진술이야말로 사실을 호도하고 있음을 알아냈다."

테드 만(Ted Mann), "트럼불 요새 지역 개발 사업에 남겨진 화이자 제약의 지문(Pfizer's Fingerprints on Fort Trumbull Plan)", New London Day, 2005. 10. 16, http://www.freerepublic.com/focus/f-bloggers/1503363/posts (2009. 5. 26 확인).

4) "토지수용권(Eminent Domain)" National Conference of State Legislators, 2007.

5) "미국 세금 제도의 역사(History of the U.S. Tax System)", U.S. Department of the Treasury, n.d., http://www.treas.gov/education/fact-sheets/taxes/ustax.shtml (2009. 5. 26 확인).

6) http://www.taxpolicycenter.org/taxfacts/displayafact.cfm?Docid=213 참조.

5장

1) 주드 와니스키(Jude Wanniski), "래퍼 곡선에 대하여(Sketching the Laffer Curve)", Yorktown Patriot(Denver, CO), 2005. 6. 14, http://www. yorktownpatriot.com/printer_78.shtml (2009. 5. 26 확인).

2) 여기서 70% 세율〈표 4.1〉은 근로소득이 아닌 이자소득과 배당소득 같은 '불로소득'에 적용되었다. 이러한 사실이 영향을 미치긴 하겠지만, 세율이 근로 의욕에 미치는 영향은 동일해야 한다. 저축한 돈에 정부가 무겁게 세금을 부과하는데 부자들이 더 열심히 일하고 싶은 마음이 왜 들겠는가?

3) 소득세에 누진세율이 적용되면, 각 사람의 소득 구간에 따라 세율이 다르게 적용된다. 만약 50만 달러 이하의 소득에 25%가 적용되고 그 이상의 소득에 50%가 적용되면, 100만 달러를 벌어들인 사람은 37만 5,000달러의 세금을 내게 된다.

4) 마틴 펠드스타인(Martin Feldstein), "공급경제학: 낡은 진실, 새로운 주장 (Supply Side Economics: Old Truths, New Claims)", (working paper 1792, National Bureau of Economic Research, Cambridge, MA, 1986. 1) 4쪽.

5) 로널드 레이건, "미국의 새로운 도약: 경제 회복 프로그램(America's New Beginning: A Program for Economic Recovery)", White House, 1981년 2월 18일, S-1, http://www.presidency.ucsb.edu/ws/index. php?pid=43427 (2009. 6. 29 확인).

6) 자료를 요약해놓은 것을 보려면 다음을 참조할 것. 오스틴 굴즈비(Austan Goolsbee), "60년간의 조세 개혁 결과로 살펴보는 래퍼 곡선에 대한 증거 (Evidence on the High Income Laffer Curve from Six Decades of Tax Reform)", Brookings Papers on Economic Activity, issue 2 (1999).

7) 리처드 코간(Richard Kogan), "간단한 이야기: 감세하면 세수는 줄어든다(The Simple Story: Tax Cuts Lose Revenues)", Center for Budget and Policy Priorities, 2004, http://www.cbpp.org/1-25-05bud2.htm (2009. 5. 26 확인).

8) 줄리 울프(Julie Wolf), "1982년 경기 침체(The 1982 Recession)", The American Experience, PBS, n.d. http://www.pbs.org/wgbh/amex/

reagan/peopleevents/pande06.html (2009. 5. 26 확인).

9) 피터 드라이어(Peter Dreier), "레이건 정부의 유산: 미국의 노숙자 문제(Reagn's Legacy: Homelessness in America)", National Housing Institute, 2004년 5~6월호, http://www.nhi.org/online/issues/135/reagan.html (2009. 5. 26 확인).

10) 게리 K. 클레이보(Gary K. Clabaugh), "레이건 정부의 교육 정책이 남긴 유산(The Educational Legacy of Ronald Reagan)", Educational Horizons, 2004년 여름호, http://www.newfoundations.com/Clabaugh/CuttingEdge/Reagan.html (2009. 5. 26 확인).

11) 히더 맥도날드(Heather MacDonald), "복지 비용은 밑 빠진 독에 물 붓기(Welfare's Next Vietnam)", City Journal, 1995년 겨울호, http://www.city-journal.org/html/5_1_a1.html (2009. 5. 26 확인).

12) 펠드스타인(Feldstein), "공급경제학(Supply Side Economics)", 1986. 1, 3쪽.

13) 인구조사국(Bureau of the Census), American Community Survey, 2001, 2006. New York City, "시정보고서(Mayor's Management Report)", 2001, 2006.

14) 제니퍼 프리들린(Jennifer Friedlin), "복지 시리즈: 복지예산 때문에 겪는 주 정부의 재정난(Welfare Series: Block Grants Starve State Budgets)", Women's eNews, 2004. 9. 3, http://www.womensenews.org/article.cfm/dyn/aid/1974/context/archieve (2009. 5. 26 확인).

15) 폴 로파토(Paul Lopatto), "정부 보조금 축소로 뉴욕 시립대학교의 수입원으로 부상하고 있는 등록금(Tuition a Rising Share of CUNY Revenue as State Share Falls)", Independent Budget Office, New York City, 2006. 7, http://www.ibo.nyc.ny.us/iboreports/CUNY_FBjul2006.pdf (2009. 5. 26 확인).

16) "표319: 평균 대학 등록금과 기숙사비(Table 319: Average Undergraduate Tuition and Fees and Room and Board Rates Charged for Full-Time Students in Degree-Granting Institutions, by Type and Control)", National Center for Educational Statistics, n. d., http://nces.ed.gov/

programs/digest/d06/tables/xls/tabn319.xls (2009. 5. 26 확인).

17) 미국 인구조사국(U.S. Bureau of the Census), "소득 변화(Historical Income Tables, People, Table P-2: Race and Hispanic Origin of People by Median Income and Sex: 1947 to 2005)", Current Population Survey, March 2008, http://www.census.gov/hhes/www/income/histinc/p02. html (2009. 5. 26 확인).

18) 카라 미아 디마사(Cara Mia DiMassa)와 리처드 윈튼(Richard Winton), "연구 결과 로스엔젤레스의 경제 활성화 지구에서는 범죄율이 감소함(L.A.' s Business Improvement Districts Help Reduce Crime, Study Finds)", Los Angeles Times, 2009. 2. 20.

19) 다이앤 카드웰(Diane Cardwell), "보고서에 의하면, 구급차는 각기 지정된 병원으로만 움직인다(Report Says Ambulances Steer to Their Own Hospitals)", New York Times, 2001. 6. 27.

20) 마틴 펠드스타인(Martin Feldstein), "한계세율이 과세 소득에 미치는 영향: 1986년 세제 개편에 대한 연구(The Effects of Marginal Tax Rates on Taxable Income: A Panel Study of the 1986 Tax Reform)", Journal of Political Economy 103, 3 (1995. 6) 551~571쪽.

21) 루이스 라벨(Louis Lavelle)과 로널드 그로버(Ronald Grover), "경영진이 누리는 특혜: 그 추잡한 얼굴(Exec Perks: An Ugly Picture Emerges)", BusinessWeek, 2005. 4. 27.

22) 딘 다카하시(Dean Takahashi), "휴렛팩커드, 경영진 전용 제트기 두 대 임대 (Hewlett-Packard Leases Two Jets for Its Executives)", San Jose Mercury News (2003. 9. 23) 1쪽.

23) 데이비드 케이 존스턴(David Cay Johnston), "좋은 삶을 후원하자(Assisting the Good Life)", New York Times, 2007. 6. 15.

6장

1) 조 윌콕스(Joe Wilcox), "재판부, 마이크로소프트의 반독점법 위반 혐의 인정(Judge Rules Microsoft Violated Antitrust Laws)", CNET News 2000. 4. 3, http://news.com.com/2100-1001-238758.html (2009. 5. 26에 확인). 볼

경제학은 어떻게 내 삶을 움직이는가

프강 그루너(Wolfgang Gruener), "파이어폭스 시장점유율 20% 넘어 순항, IE 의 시장점유율이 70% 밑으로 하락(Firefox sails past 20% market share, IE drops below 70%)", TG Daily (Monday, 2008. 12. 1), http://www.tgdaily. com/html_tmp/content-view-40381-113.html.

2) "소득(Earnings: Strong Lipitor Sales Help Quarterly Net Surge 21%)", International Herald Tribune, 2005. 7. 21, http://www.iht.com/ articles/2005/07/20/business/earns.php (2009. 5. 26 확인).

3) 제어드 번스타인(Jared Bernstein)", 제어드 번스타인과의 인터뷰(Interview with Jared Bernstein)," Multi National Monitor 24, no.5 (2003. 5), http:// multinationalmonitor.org/mm2003/03may/may03interviewsbernstein. html (2009. 5. 26 확인).

4) 마리 코놀리(Marie Connolie)와 앨런 크루거(Alan Krueger), "로코노믹스 (Rockonomics: The Economics of Popular Music)", in Handbook of the Economics of Art and Culture, ed. 빅토 긴스버그(Victor Ginsburgh)와 데 이비드 소스비(David Throsby), Boston: Elsevier North-Holland, 2008, 668~716쪽.

5) 알렉스 윌리엄스(Alex Williams), "웨딩 싱어? 아니야!(Wedding Singers? Not!)", New York Times, 2005. 11. 20.

6) 코놀리와 크루거, "로코노믹스", 692쪽.

7) 제임스 패커드 러브(James Packard Love), "HIV/AIDS 의약품 개발에서 정 부의 역할에 대하여(Notes on Government Role in the Development of HIV/AIDS Drugs)", Amicus Curiae, Pharmaceutical Manufacturers' Association of South Africa and Others v. The President of the Republic of South Africa and Others, 2001. 4. 10, http://www.cptech.org/ip/ health/sa/loveaffidavit (2009. 5. 26 확인).

8) 메일 구즈너(Merrill Goozner)", AIDS 의약품을 얻기 위한 제3세계의 투쟁 (Third World Battles for AIDS Drugs)," Chicago Tribune, 1999. 4. 28.

9) 존 S. 제임스(John S. James), "남아공: 글락소 그룹이 AZT/3TC 치료제의 자 발적 실시권을 제안하다(South Africa: Glaxo Offers Voluntary License on AZT/3TC)", AIDS Treatment News, 2001. 10. 19, http://findarticles.com/

p/articles/mi_mOHSW/is_2001_Oct_19/ai_79757044 (2009. 5. 26 확인).

10)세시 코놀리(Ceci Connolly), "메디케어 처방약 급여 혜택 강화 및 치료제 복제 허용 그리고 제약사와의 가격협상 금지 조항(Officials Defend Cost of Medicare Drug Benefit: Importation, Negotiation Ideas Rejected)", Washington Post, 2005. 2. 17, A7면. 줄리 애플비(Julie Appleby)와 리처드 울프(Richard Wolf), "메디케어 처방약 급여 혜택의 예상 비용이 감소할 전망(Medicare Cost Projections Drop)", USA Today, 2006. 2. 2.

11)http://www.singaporeair.com/saa/en_UK/content/exp/A380/Technical_Specifications.jsp??v=-3644100 4 & (2009. 5. 29 확인). "에어 오스트랄 항공사의 미래 성장 전략(Air Austral Selects A380 I Single-Class Configuration for Future Growth)", Airbus press release, 2009. 1. 15, http://www.airbus.com/en/presscentre/pressreleases/pressreleases_items/09_01_15_austral_a380.html (2009. 6. 29 확인).

12)윌리엄 뉴먼(William Neuman), "큰 집 쟁탈전(The Battle of the Biggest)", New York Times, 2005. 12. 25.

13)같은 기사.

14)찰스 로렌스(Charles Laurence), "부자와 유명인들이 뉴욕의 '결격 사유가 있는 빌딩'에서 빠져나오다(Rich and Famous Fall Out of Love with the 'Faulty Towers' of New York)", Daily Telegraph(London), 2004. 5. 9.

15)데이비드 W. 첸(David W. Chen), "A Pool in the Apartment Is the Latest in Extravagance", New York Times, 2004. 4. 17, B1면.

16)모든 표의 데이터는 부동산 거래 자료를 참조했다. 따라서 이 자료에서 신규 주택이 차지하는 비율은 총 아파트 물량에서 신규 주택이 차지하는 비율보다 더 높다. 미국 인구조사국은 3년마다 뉴욕 시의 주택 보급 실태를 조사하지만, 아파트 면적에 관한 자료는 수집하지 않는다. 이런 이유로 아파트 면적에 관한 데이터는 부동산 거래 자료에서 찾아야 한다. 인구조사국의 자료로는 신규 건축에 따른 아파트 면적 증가와 기존의 아파트를 크게 개조해 아파트 면적이 증가한 비율에 대해서는 알 수가 없다.

17)데이비드 라자루스(David Lazarus), "의사를 만나려면 돈이 있어야해(The Doctor Will See You—For a Price)", San Francisco Chronicle, 2006. 1. 8.

경제학은 어떻게 내 삶을 움직이는가

18) "진료비를 어떻게 내야 할까(How We Pay Doctors)", New York Times, 2006. 9. 6, A18면.

19) 리처드 쿠퍼(Richard Cooper), "건강 문제(Health Affairs)", Institute of Health Policy, Medical College of Wisconsin, n.d., 데니스 카우촌(Dennis Cauchon)의 "판단 오류가 낳은 의사 부족 문제(Medical Miscalculation Creates Doctor Shortage)", USA Today 2005. 3. 2에서 재인용. 제니퍼 치즈맨 데이(Jennifer Cheeseman Day), "Population Projections of the United States, by Age, Sex Race, and Hispanic Origin: 1993 to 2050", Series P25-1104, U.S. Census, 2001. 1. 18, http://www.census.gov/prod/1/pop/profile/95/2_ps.pdf.

7장

1) 즈치앙 리우(Zhiqian Liu), "교육 정도에 따른 외재적 보상: 중국 도시의 사례 (The External Returns to Education: Evidence from Chinese Cities)", Journal of Urban Economics 61, no.3 (2007. 5) 542~564쪽.

2) 모셰 애들러(Moshe Adler), "때로는 정부가 답이다(Sometimes, Government Is the Answer)", Los Angeles Times, 2006. 3. 4. 공기업 민영화에 대해 더 자세히 알기를 원한다면 다음을 참조할 것. http://www.columbia.edu/~ma820/privatization.html.

3) 케빈 카레이(Kevin Carey), "2004년 교육 보조금 격차(The Funding Gap 2004)", Education Trust Fund, http://www2.edtrust.org/NR/rdonlyres/30B3C1B3-3DA6-4809-AFB9-2DAACF11CF88/0/funding2004.pdf (2009. 5. 26 확인).

4) 호크 카운티 교육위원회 대 노스캐롤라이나 주 교육위원회(Hoke County Board of Education et al. v. State of North Carolina; State Board of Education), 2000, http://www.schoolfunding.info/states/nc/HOKEI.PDF (2009. 5. 26 확인).

5) 로드 페이지(Rod Paige), "교육 평등은 아직도 요원하다(Educational Equality Eludes Us, Even Now)", USA Today, 2004. 5. 14, http://www.ed.gov/news/opeds/edit/2004/05142004.html (2009. 5. 26 확인).

6) NAEP (National Assessment of Educational Progress), "NAEP 2004 Trends in Academic Progress," 2005, http://nces.ed.gov/nationsreportcard/pdf/main2005/2005463.pdf (2009. 5. 26 확인).

7) 리처드 로드스타인(Richard Rothstein)과 카렌 홀리 마일스(Karen Hawley Miles), "그 돈은 다 어디로 갔는가? 교육비 지출 수준과 구성비의 변화(Where's The Money Gone? Changes in the Level and Composition of Education Spending)", Economic Policy Institute, 1995. 리처드 로드스타인, "그 돈은 다 어디로 가는가? 1991~1996, 교육비 지출 수준과 구성비의 변화(Where's the Money Going? Changes in the Level and Composition of Education Spending, 1991–96)", Economic Policy Institute, 1997, 케빈 카레이(Kevin Carey)의 "교육 예산 지원과 저소득층 아이들: 최근 연구 검토(Education Funding and Low-Income Children: A Review of Current Research)"에서 재인용, Center for Budget and Policy Priorities, 2002. 11. 5, http://www.cbpp.org/cms/index.cfm?fa=view&id=1428.

8) 앨런 크루거(Alan Krueger)와 다이엔 휘트모어(Diane Whitmore), "작은 학급 규모가 흑인 학생과 백인 학생 간의 학업성취도 격차를 줄이는 데 기여할까?(Would Smaller Classes Help Close the Black-White Achievement Gap?)", 연구논문 451, Industrial Relations Section, Princeton University, Princeton, NJ, 2001. 3, http://www.irs.princeton.edu/pubs/pdfs/451.pdf (2009. 5. 26 확인).

9) 같은 책.

10) 같은 책.

11) 호크 카운티 대 노스캐롤라이나 주(Hoke vs. North Carolina), 74쪽.

12) 캐롤린 M. 혹스비(Caroline M. Hoxby), "학부모의 소득이 공교육비 지출에 미치는 영향(How Much Does School Spending Depend on Family Income?)", American Economic Review 88, no.2 (1998. 5) 309쪽.

13) 리처드 로드스타인(Richard Rothstein), "더 나은 학교 만들기 위한 지원금의 역할(Assessing Money's Role in Making Schools Better)", New York Times, 2001. 11. 14.

14) GDP: BEA(Bureau of Economic Analysis), 2008. Population, 미국 인구조

경제학은 어떻게 내 삶을 움직이는가

사국(Census Bureau), 2008.

15) 이 자원이 모두 현금 형태인 것은 아니다. 사람들이 벌어들이는 소득으로 GDP에 포함되는 것 중에는 현물소득도 있다. 예를 들어 주택을 소유한 가구는 집주인에게 임대료로 지급할 돈을 절약할 수 있다. 가난한 사람은 이런 현물소득을 확보할 가능성이 희박하다.

16) 카르멘 데나바스왈트(Carmen DeNavas-Walt), 베르나데트 프록터(Bernadette Proctor), 제시카 스미스(Jessica Smith), 미국 인구조사국(Census Bureau), Current Population Reports, P60-235: "Income, Poverty, and Health Insurance Coverage in the United States 2007", 워싱턴 DC, 2008. 빈곤선은 2007년 것인 반면, 1인당 GDP는 2008년 것이다. 2008년 빈곤선은 아마도 2007년보다는 높겠지만, 그 차이는 작을 것이다.

17) 미국 인구조사국(Census Bureau), "미국 지역사회 조사(American Community Survey) 2007", Table C19101. "지난 12개월 동안의 가구 소득(Family Income in the Past 12 Months)" Table B19127. "지난 12개월 동안의 총 가구 소득(Aggregate Family Income in the Past 12 Months)" 소득이 평균 가구 소득에 미치지 못하는 가정의 실제 비율은 64%를 훨씬 웃돌 것이다. 이 조사에 보이는 소득에는 주택 소유로 얻는 소득 같은 현물수당은 포함되지 않기 때문이다.

8장

1) 2007년 미국 노동자 수는 1억 4,600만 명이었고, 이들이 다 함께 14조 달러의 재화를 생산했다. 미국 노동통계국(Bureau of Labor Statistics), CPS 2007, http://data.bls.gov/cgi-bin/surveymost?1ne 경제분석국(Bureau of Economic Analysis), 2007, http://www.bea.gov/national/xls/gdplev.xls.

2) 로런스 미셸(Lawrence Mishel), 제어드 번스타인(Jared Bernstein), 실비아 알레그레토(Sylvia Alegretto), 《The State of Working America, 2006/7: An Economic Policy Institute Book》(Ithaca, NY: ILR Press, 2007), figure 3F, http://www.stateofworkingamerica.org/tabifg/03/SWA06_Fig3F.jpg (2009. 5. 26 확인).

3) 모셰 애들러(Moshe Adler), "노동조합과 빈곤: 뉴욕 시 소매점 사례

(Unionization and Poverty. The Case of New York City Retail Workers)", Economic Policy Institute, WP 127, 2003. 12, www.epl.org/workingpapers/wp127.pdf (2009. 5. 26 확인).

4) 사라 앤더슨(Sarah Anderson), 존 카바나(John Cavanagh), 척 콜린스(Chuck Collins), 샘 피치가티(Sam Pizzigati), 마이크 랩햄(Mike Lapham), "2008 경영진의 과도한 보수 실태(Executive Excess 2008)", Institute for Policy Studies and United for a Fair Economy, 2008, http://www.faireconomy.org/files/executive_excess_2008.pdf (2009. 5. 26 확인).

5) 모든 인용문은 애덤 스미스(Adam Smith)의 《국부론(The Wealth of Nations)》 1권 8장에서 인용. http://www.readprint.com/chapter-8614/Adam-Smith (2009. 5. 26 확인).

6) A. 아스피날(A. Aspinall)과 E. 앤서니 스미스(E. Anthony Smith), 《English Historical Documents》 11권, 1783~1832(New York: Oxford University Press, 1959), 749~752쪽, http://www.marxists.org/history/england/combination-laws/combination-laws-1800.htm (2009. 5. 26 확인).

7) 리카도와 한계생산성 이론에 관한 논의는 주로 조앤 로빈슨(Joan Robinson)과 존 이트웰(John Eatwell)의 《현대 경제학 입문(An Introduction to Modern Economics)》(London: McGraw-Hill Book Company, 1973) 참고.

8) 데이비드 리카도(David Ricardo), "정치경제학과 조세의 원리(On the Principles of Political Economy and Taxation)", 5장 임금에 대하여 (London: John Murray, 1817), http://www.econlib.org/library/Ricardo/ricP2.html (2009. 5. 26 확인).

9) 하임 바르카이(Haim Barkai)의 "성장하는 경제에서 생산요소 가격과 소득 분배에 대한 리카도의 견해(Ricardo on Factor Prices and Income Distribution in a Growing Economy)", Economica, n.s., 6, no.103(1959) 240~250쪽 참조.

10) 같은 글.

9장

1) "1886년 5월 4일: 헤이마켓 비극(1886, May 4: Haymarket Tragedy),"

Chicago Public Library, http://www.chipublib.org/cplbooksmovies/
cplarchive/chidisasters/haymarket.php (2009. 5. 27 확인).

2) 헤이마켓 대학살 사건에 연루된 노동자들이 교수형을 당한 이후 5월 1일이 세
계적으로 노동절로 선포되었고, 미국을 제외한 다른 여러 나라에서 이날을 기념
하고 있다.

3) 존 베이츠 클라크(John Bates Clark), 《부의 분배: 임금, 이자, 이윤에 관한 이론
(The Distribution of Wealth: A Theory of Wages, Interest, and Profits)》
(New York: Macmillan, 1899) 1장, http://www.econlib.org/library/Clark/
clkDW1.html (2009. 5. 26 확인).

4) 같은 책 8장, http://www.econlib.org/library/Clark/clkDW8.html#VIII.11
(2009. 5. 26 확인).

5) "생산 이론의 기초(Production Theory Basics)", 위키피디아, http://
en.wikipedia.org/wiki/Production_theory_basics (2009. 5. 26 확인).

6) 안젤라 시엔(Angela Chien), "스파크 노트: 노동 수요(Spark Notes:
Labor Demand)", http://www.sparknotes.com/economics/micro/
labormarkets/labordemand/section1.html (2009. 5. 26 확인).

7) 베리언(Varian), 《중급 경제학(Intermediate Economics)》, 312쪽.

10장

1) 그레첸 모겐슨(Gretchen Morgenson), "화이자 제약 주주, 이사 선출했으
나 임금에 대한 우려 표명(Pfizer Shareholders Vote to Elect Directors
but Show Concern Over Pay)", New York Times, 2006. 4. 28. 맥키넬 회
장은 2006년 7월에 예정보다 빠르게 퇴직할 수밖에 없었다. 63세인 그는 퇴
직연금으로 매년 650만 달러를 받는다. AFL/CIO, "Executive Excess: Final
CEO Pay Numbers Reveal Jaw-Dropping Retirement Packages", http://
blog.aflcio.org/2006/07/17/executive-excess-final-ceo-pay-numbers-
reveal-jaw-dropping-retirement-packages (2009. 5. 26 확인).

2) 로버트 프랭크(Robert Frank), "노동자들은 한계생산성에 따라 보상받고 있
는가?(Are Workers Paid Their Marginal Product?)", American Economic
Review 74 (1994. 9) 549~571쪽.

3) 올리 아센펠터(Orley Ashenfelter)와 스테판 주라즈다(Stepan Jurajda), "국 가 간 임금 실태 비교: 빅맥 지수(Cross-Country Comparisons of Wage Rates: The Big Mac Index)", Princeton University and CERGE-EI/ Charles University, 2001. 10, http://economics.uchicago.edu/down/ load/bigmac.pdf (2009. 5. 26 확인).

11장

1) 데이비드 카드(David Card)와 앨런 B. 크루거(Alan B. Kruger), "최저임금과 고용: 뉴저지와 펜실베이니아 주 패스트푸드 산업 사례연구(Minimum Wages and Employment: A Case Study of the Fast Food Industry in New Jersey and Pennsylvania)", American Economic Review 84 (1994. 9) 772~793쪽.
2) 저자들은 그들이 수행한 이전 조사에서 아무런 대응을 보이지 않았던 맥도날드 사에는 접촉하지 않았다.
3) 주목할 사실은 카드와 크루거의 연구결과에 대해 우파 두뇌집단에 협력하는 경 제학자들이 도전장을 내밀었으나 그들의 도전이 실패로 끝났다는 것이다. 존 슈미트(John Schmitt)의 "최저임금과 실업: 임금 인상 반대자들이 증거 를 찾지 못하다(The Minimum Wage and Job Loss: Opponents of Wage Hike Find No Effect)", Economic Policy Institute Briefing Paper, 1996 참조.

12장

1) 존 메이너드 케인스(John Maynard Keynes), 《고용, 이자 및 화폐의 일반 이 론(The General Theory of Employment, Interest, and Money)》(London: Royal Economic Society, 1936), 12장, http://www.marxists.org/ reference/subject/economics/keynes/general-theory/ch02.htm (2009. 5. 26 확인). 클라크의 한계생산물가치 임금이론 이후의 경제학자들을 '신고전학파'로 지칭 하고 그 이전의 학자들을 '고전학파'로 지칭한다는 점을 상기하기 바란다.
2) 같은 책, 2장, http://www.marxists.org/reference/subject/economics/ keynes/general-theory/ch02.htm.

경제학은 어떻게 내 삶을 움직이는가

3) 같은 책, 12장.

4) 고날로 L. 폰세카(Gonalo L. Fonseca), "실질 잔고 논쟁(The Real Balance Debate)", The History of Economic Thought Web site, http://cepa. newschool.edu/het/essays/keynes/realbalances.htm (2009. 7. 29 확인).

5) 로버트 다이아몬드(Robert Diamond), "케인스, IS-LM 모형과 마셜의 전통 (Keynes, IS-LM, and the Marschallian Tradition)", History of Political Economy 39(2007) 81~95쪽.

6) 크리스티나 로머(Christina Romer), "대폭락과 대공황의 시작(The Great Crash and the Onset of the Great Depression)", Quarterly Journal of Economics 105, no.3 (1990. 8) 597~624쪽.

7) 미국 노동부(U.S. Department of Labor), 노동통계국(Bureau of Labor Statistics), 소비자 물가지수(CPI-U), 미국 도시 평균, ftp://ftp.bls.gov/pub/ special.requests/cpi/cpiai.txt (2009. 5. 26 확인).

8) 1933년 자동차 생산에 관한 통계 자료는 구할 수 없어서 그 해를 제외한 1929년부터 1935년까지를 비교한 것이다. 하지만 브레스나한과 라프는 1933년 이후에 이러한 투자가 발생했다는 주장에 의구심을 품었다.
티모시 F. 브레스나한(Timothy F. Bresnahan)과 대니얼 M. G. 라프(Daniel M. G. Raff), "Intra-industry Heterogeneity and the Great Depression: The American Motor Vehicles Industry, 1929~1935", Journal of Economic History 51, no.2 (1991. 6) 317~331쪽.

13장

1) 악셀 레이온후프부드(Axel Leijonhufvud), 《케인스 경제학과 케인스의 경제학에 대하여(On Keynesian Economics and the Economics of Keynes)》 (London: Oxford University Press, 1968).

2) 밀턴 프리드먼(Milton Friedman), "통화정책의 역할: 전미 경제학회 회장 취임사(The Role of Monetary Policy: Presidential Address to the American Economic Association)", American Economic Review 58(1968. 3) 1~17쪽.
에드먼드 펠프스(Edmund Phelps), 《고용과 인플레이션 이론에 대한 미시경제학적 기초(Microeconomic Foundations of Employment and Inflation

Theory)》(New York: Norton, 1970).

3) 로버트 E. 루카스(Robert E. Lucas Jr.)와 레너드 A. 래핑(Leonard A. Rapping), "실질임금, 고용, 인플레이션(Real Wages, Employment, and Inflation)", Journal of Political Economy 77, no.5 (1969. 9~10) 721~754쪽.

4) 같은 책.

5) 앨버트 리스(Albert Rees), "노동시장의 균형에 대하여(On Equilibrium in Labor Markets)", Journal of Political Economy 78 (1970. 3~4) 308쪽.

6) 존 피스(John Pease)와 리 마틴(Lee martin), "구인 광고와 빈민을 위한 일자리: 놀라운 불일치(Want Ads and Jobs for the Poor: A Glaring Mismatch)", Sociological Forum 12, no.4 (1997) 545~564쪽.

7) 기자회견, 1982년 9월 18일, 캘리포니아 대학교 미국 대통령 프로젝트에서, 산타 바바라(Santa Barbara), http://www.presidency.ucsb.edu/ws/index. php?pid=43062 (2009. 5. 26 확인).

8) 뉴욕 시 공원관리국, "직업체험 프로그램(Work Experience Program)", http://www.nycgovparks.org/sub_opportunities/internships/work_exp_prog_wep.html (2009. 5. 26 확인).

9) 뉴욕 시 법무부, 홍보물, 2003년 12월 4일, http://www.nyc.gov/html/law/downloads/pdf/pr120403.pdf (2009. 5. 26 확인).

10) 이것은 고용주가 제시한 임금이 애당초 최저임금 수준에 미치지 못하는 상황을 가정하고 있다. 임금은 노동자를 고용했을 때 초래되는 비용(깨끗한 유니폼을 구입하는 비용)보다 떨어질 수는 없다.

11) 아서 히그비(Arthur Higbee), "American Topics", New York Times, 1992. 9. 28, http://www.iht.com/articles/1992/28/topi_7.php (2009. 5. 26 확인). 홈디포의 행동은 파레토 효율성 기준에서 보면 비효율적이다. 허름한 판잣집 소유주가 생필품을 구하는 대신 고급 주택을 소유한 사람이 생필품을 얻지 못할 수도 있으니 말이다. 하지만 홈디포가 자체적으로 강제한 가격 통제가 없었다면 가난한 이들은 생필품을 구하지 못했을 테고, 부자가 빈민의 손실을 보상해주지 않았을 것이니 가격 통제는 공리주의 관점에서 효율적이었다고 할 수 있다. 가난한 사람은 생활 터전을 잃었을 때 부자보다 손실을 감내할 여력이 훨씬 부족하기 때문이다.

경제학은 어떻게 내 삶을 움직이는가

12) "델파이 노조 68% 투표율로 임금 삭감안을 승인하다(Delphi's UAW Members Approve Pay-Cut Deal by 68% Vote)", Local 2209 Web site, http://www.local2209.org/content/showquestion2006. asp?faq=45&fidAuto=810 (2009. 6. 30 확인).

14장

1) 스티글리츠에 의하면 "가장 심각하고 장기간 지속되었던 경기 침체는 1930년대 대공황 기간이지만, 미국 경제는 1979년부터 1982년 사이에도 침체를 겪었고 유럽의 여러 국가는 1980년대에 줄곧 높은 실업률을 기록했다. 정보경제학에서는 왜 실업이 지속되는지, 경제가 크게 요동하는지에 대해 설명을 제시했다. 효율성 임금이론은 실업자가 일자리를 구할 수 있을 만큼 임금이 충분히 하락하지 않은 이유를 설명한다. 이 이론은 임금이 높을수록 노동자의 생산성이 증가한다고 주장한다. 노동자가 더욱 열심히 일하기 때문이기도 하고, 고용주가 더 뛰어난 인재를 고용할 수 있기 때문이기도 하다. 만약 노동자의 생산성을 측정하는 데 비용이 전혀 들지 않는다면, 노동자의 산출물을 쉽게 계산해 그에 걸맞은 임금을 지급하면 되므로 고용주가 그렇게 높은 임금을 지급할 필요는 없었을 것이다. 하지만 이 같은 정보를 얻는 데 비용이 많이 들기 때문에 고용주는 노동자의 태업을 방지하기 위해 높은 임금을 지급한다."
조지프 스티글리츠, "정보(Information)", 《경제학 소사전(Concise Encyclopedia of Economics)》(제2판, 2008) http://www.econlib.org/library/Enc/Information/html (2009. 5. 26 확인).
2) 도미니크 구(Dominique Goux)와 에리크 모랭(Eric Maurin), "산업 간 임금격차의 지속성(Persistence of Interindustry Wage Differentials: A Reexamination Using Matched Worker-Firm Panel Data)", Journal of Labor Economics, 17, no.3 (1999) 492~533쪽.
3) 윌리엄 T. 디켄스(William T. Dickens)와 로런스 F. 카츠(Lawrence F. Katz), "산업 간 임금 격차와 산업 특성(Inter-industry Wage Differences and Industry Characteristics)". 케빈 랭(Kevin Lang)과 조나단 S. 레너드(Jonathan S. Leonard) 편저《실업과 노동시장의 구조(Unemployment and the Structure of Labor-Markets)》(New York: Blackwell, 1987), 48~89쪽.

4) 작업 중단을 방지하고자 노동자에게 더 높은 임금을 지급하는 경우도 태업 방지를 위해 제공하는 임금 프리미엄이라 할 수 있다. 작업을 중단하는 것이 태업이라면, 노동자는 임금 협상 기간에 태업을 하는 것이고 이때 제시되는 더 높은 임금은 태업 방지를 위한 임금이다. 하지만 임금이 결정되고 나면 작업 중단은 끝이 난다. 그러므로 노동자는 작업이 중단되는 것을 즐기지 않으며, 해고가 두려워 태업을 하지 않는 것이 아니다. 그런데 효율성 임금이론에서는 노동자가 늘 게으름을 피우고 싶어 하고, 그들이 그러지 못하는 유일한 이유는 직장을 잃을 것을 두려워하기 때문이라고 주장한다.

5) 앨런 크루거(Aland Kruger)와 로런스 서머스(Lawrence Summers), "효율임금과 임금 구조(Efficiency Wages and the Wage Structure)", The National Bureau of Economic Research, 1986, 26.

6) 조지 애컬로프(George Akerlof)와 재닛 옐런(Janet Yellen), 《노동시장의 효율임금 모형(Efficiency Wage Models of the Labor Market)》(Cambridge: Cambridge University Press, 1990), 2~3쪽.

7) 샘 보울스(Sam Bowles), "자유경쟁 체제의 생산 과정(The Production Process in a Competitive Economy: Wal-rasian, Neo-Hobbesian, and Marxian)", American Economic Review 1(1985. 3) 33쪽.

8) 대니얼 M. G. 라프(Daniel M. G. Raff), "임금결정이론과 포드 자동차의 일급 5달러(Wage Determination Theory and the Five-Dollar Day at Ford)", Journal of Economic History 48, no.2 (1988. 6) 387~399쪽.

9) 같은 글.

15장

1) 루시안 아르예 벱척(Lucian Arye Bebchuk)과 제시 M. 프리드(Jesse M. Fried), "대리인의 문제인 최고경영자의 보상 문제(Executive Compensation as an Agency Problem)", Journal of Economic Perspectives 17, no. 3 (2003. 여름) 71~92쪽.

2) GM과 로스 페로(Ross Perot)에 대한 논의는 로버트 A. G. 몽스(Robert A. G. Monks)와 넬 미노(Nell Minow)의 《기업경영(Corporate Governance)》(West Sussex: Blackwell, 1995)을 참조. http://www.ragm.com/books/

경제학은 어떻게 내 삶을 움직이는가

corp_gov/cases/cs_gm.html (2009. 5. 26 확인).

3) 같은 책.

4) 같은 책.

5) 데이비드 엘리스(David Ellis)와 폴 그레이(Paul Gray), "한 주의 승리(Winner of the Week)", Time, 1990. 5. 14, http://www.time.com/time/magazine/article/0,9171,976971,00.html (2009. 5. 26 확인).

6) 자비어 가바이(Xavier Gabaix)와 어거스틴 랜디어(Augustin Landier), "어째서 최고경영자의 연봉은 그토록 많이 증가했는가?(Why Has CEO Pay Increased So Much?)" Quarterly Journal of Economics 123, no.1 (2008) 49~100쪽.

세상의 이면을 파헤치는 실전경제학 입문서

경제학은 어떻게 내 삶을 움직이는가

초판 1쇄 발행 2015년 2월 25일

지은이 모셰 애들러 | **옮긴이** 이주만

펴낸이 민혜영
펴낸곳 카시오페아
주소 서울시 마포구 월드컵북로 400 문화콘텐츠센터 5층 출판지식창업보육센터 8호
전화 070-4233-6533 | **팩스** 070-4156-6533
홈페이지 www.cassiopeiabook.com | **전자우편** cassiopeiabook@gmail.com
출판등록 2012년 12월 27일 제385-2012-000069호
디자인 김태수

© Moshe Adler, 2010

ISBN 979-11-85952-08-6

이 도서의 국립중앙도서관 출판시도서목록(CIP)은 서지정보유통지원시스템 홈페이지(http://seoji.nl.go.kr)와 국가자료
공동목록시스템(http://www.nl.go.kr/kolisnet)에서 이용하실 수 있습니다.
(CIP제어번호 : CIP2015001992)

이 책은 저작권법에 따라 보호받는 저작물이므로 무단전재와 무단 복제를 금지하며,
이 책의 전부 또는 일부를 이용하려면 반드시 저작권자와 카시오페아의 서면동의를 받아야 합니다.

*잘못된 책은 구입한 곳에서 바꾸어 드립니다.
*책값은 뒤표지에 있습니다.